人物叢書

新装版

宮本武蔵《みやもとむさし》

大倉隆二

日本歴史学会編集

吉川弘文館

宮本武蔵肖像画（島田美術館蔵）

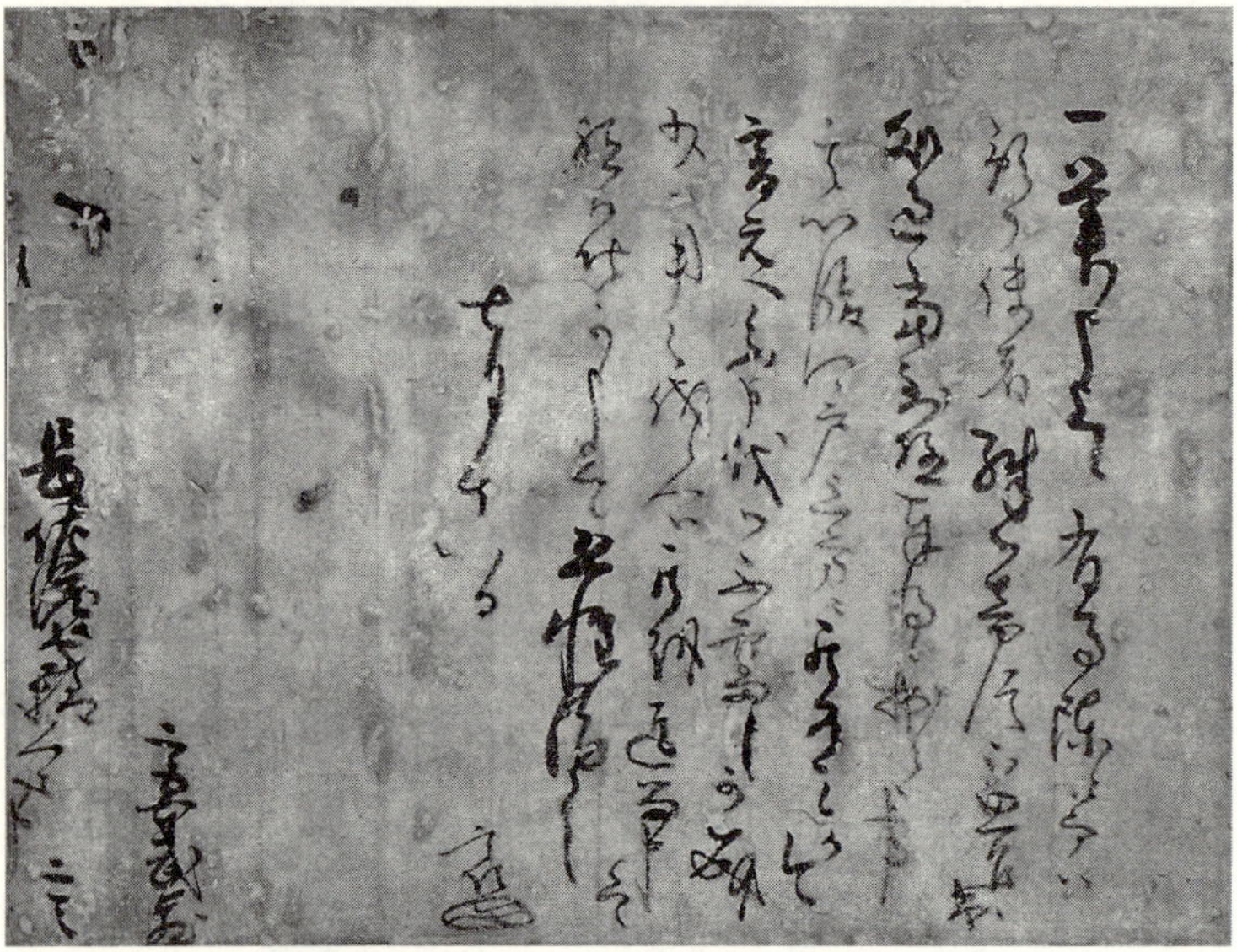

宮本武蔵書状（八代市立博物館所蔵）

はしがき

宮本武蔵といえば、有名な肖像画（熊本市島田美術館蔵・口絵参照）のような二刀流の剣術家、佐々木小次郎との「巌流島の決闘」や吉川清十郎ら「吉岡一門との決闘」、あるいは晩年に肥後熊本西郊の山中にある霊巌洞に籠って畢生の兵法書『五輪書』を執筆したことなどが連想されるかもしれない。しかし、これらはどこまでが真実か。

また、かの有名な「枯木鳴鵙図」（モズの絵・重要文化財）などの水墨画は、本当に武蔵が描いたのか……。巌流島の決闘や吉岡一門との洛外蓮台野および一乗寺下り松の決闘となると半信半疑の人もあるだろう。でも、「枯木鳴鵙図」は武蔵筆として疑わない人がほとんどであろう。しかし、はたして武蔵の真筆か否か。

剣豪・剣客としての武蔵について書かれた書物は多いが、信頼すべき史資料や文献は限られていて、武蔵の生涯を通して叙述することはまことに難しい。むしろさまざまな説が錯綜していて、生年・出自はもとより武者修行の内容、六十余度に及ぶという対戦相手やその様子など、諸書まちまちの感は否めないし、確かめようがないことも少なくない。しかも一般には、そうした数々の武蔵関係の書物とは関係なく、吉川英治の小説『宮本武蔵』が武蔵像の骨格をなしているようにみえる。

吉川英治の『宮本武蔵』は、江戸時代に肥後で書かれた武蔵の伝記『二天記』をもとにしたもので、後述するように、これには歌舞伎など大衆演劇や面白い作り話などが混在し、史実とはほど遠い。そこで作り出された武蔵像は、武蔵を魅力的にし、有名にしたが、どこまでが実像なのか、わからなくしてしまった。

『二天記』のほか、江戸時代に二天一流の後継者たちによって著された「武蔵の伝記」—本書では〈武蔵伝〉と総称する—は、いくつか存在するが、いずれも記載内容は伝聞などによっていて、真偽のほどは保証の限りではない。

ともあれ、はじめに今日の武蔵についての共通的な理解をみておこう。まず、武蔵は二刀流（流派名としては「二天一流」）を開いた兵法家として知られている。生誕の地については美作説と播州説などがあるが、今日では播州説が有力視されている。誕生年については、天正十年（一五八二）と同十二年の両伝がある。最晩年に書かれた『五輪書』の記載から逆算した天正十二年生、六十二歳説がやや優勢だが決め手はない。父（養父ともみられる）は十手術の兵法者新免無二斎とされ、幼少期に無二斎に武術を学んだらしい。武蔵は十三歳から兵法勝負をし、二十八、九歳まで各地を巡って武者修行をし、その間、六十余度の勝負をしたが一度も負けたことはなかったという。映画やテレビドラマなどで有名な吉岡清十郎ら吉岡一門との決闘や、佐々木小次郎との決闘などはこの間のこととされる。

なお、『五輪書』という呼称は、地・水・火・風・空の巻名が仏教の五大（一切の物質を構成する元となるもの）と同じため後世の人が呼ぶようになったものとみられるが、五大とのかかわりはない。武蔵は『二天一流兵法書』または『二刀一流兵法書』と書いているので、正しくはそのようにすべきであるが、すでに一般化しているので本書では『五輪書』の呼称を使うことにした。

『五輪書』によれば、さらに深い道理を求め、鍛錬を重ねて兵法の実の道を会得したのは五十歳の頃であったという。その間、養子の伊織は小笠原忠真に仕え、寛永九年（一六三二）には小倉移封に従ったが、武蔵もその頃小倉に至り、小笠原忠真の客分となったとみられている。島原の乱にも出陣し、有馬直純宛ての有名な書状を遺している（後述）。寛永十七年には、熊本藩主細川忠利の招きにより熊本に移ってその客分となり、翌年には忠利の命により『兵法三十五箇条』を記し、これを呈上したと伝える。また、細川家の菩提所泰勝寺（正しくは泰勝院）の春山和尚からは、「二天」の号を与えられたともいう。寛永二十年には熊本西郊の霊巌洞に籠り、自己の兵法の極意ともいうべき『五輪書』を執筆し、正保二年（一六四五）五月十二日には自戒の書『独行道』を記し、同年五月十九日に六十二歳で歿したという。葬儀は泰勝院の春山和尚が導師となり、熊本市北区竜田町弓削の武蔵塚に葬られたとされる。

余技として絵画・木彫・金工・造園など諸芸に優れ、なかでも水墨画は名手として知られる。その師は不明であるが、画風に海北友松の影響や南宋の梁楷の作風がみられるなどと評されてきた。枯木鳴鵙図（和泉市久保惣記念美術館）・鵜図（永青文庫）・芦雁図屏風（同前、いずれも重要文化財）、その他多くの作品がある。以上のようなことが、今日の武蔵についての一般的理解であろう。

ところで、私と武蔵のかかわりは、武蔵筆とされてきた書画、とくに重要文化財に指定されている水墨画はすべて真作か?、という素朴な疑問からはじまった。ついで、武蔵研究に大きな足跡を残された故丸岡宗男氏から武蔵関係史資料の捜索と集積を託されたことが、細々ながらではあるが武蔵とのかかわりを今日まで持続させることになった。そうしたなかで直面したのが武蔵作とされる「兵法書」の問題であった。武蔵は、『五輪書』のほか、『兵道鏡』や『兵法三十五箇条』などの「兵法書」を書いたのか否か、自筆の『五輪書』は存在するのかしないのか。さらに、兵法者武蔵の実像は、どこまで追求できるのか。こうした疑問について長年考えてきたが、実は〈武蔵伝〉は、何一つ正確な情報を提供することはなかった。

そこで本書では、〈武蔵伝〉には依拠しないことを前提とし、武蔵が遺したとされる兵法書や書跡、および水墨画の真贋問題を検討し、信頼できる史資料を洗い出し、あらためて読み直すことによって武蔵像を再構成してみようと考えた。そのため、〈武蔵伝〉の出発点となった「小倉碑文」（武蔵の養子で小倉小笠原藩の家老となった宮本伊織が、武蔵歿後九年目に小倉・手向山に建立した武蔵の顕彰碑）の成立事情とその虚構性を明らかにし、『兵法三十五箇条』などの兵法書が「二天一流の相伝書」としての必要性や権威づけなどのため、武蔵に仮託して作られたことなども検討する。

さらに、『五輪書』、『独行道』、水墨画などにみえる武蔵の思想─従来「剣禅画一如」など、「禅」と結びつけられ評されてきた武蔵の思想─を、その内容をじっくり読み込んでいくと、そこに明確に朱子学的思想や教養が認められる。そうした武蔵の「文」の面についても、新たな光をあてることにしたい。

なお、本書で史料を取り上げる際、その多くは現代語訳あるいは意訳で掲げることをあらかじめお断りしておく。

二〇一四年十月二十日

大倉隆二

目　次

口絵

挿図

第一　武蔵の誕生と幼少期

一　〈武蔵伝〉の概略

武蔵の生涯を述べるにあたって厄介なことは、信頼すべき確かな史料が少なく、出生年・出自をはじめとして不明な点が多すぎることだが、さらに一般的な理解が『二天《にてん》記《き》』をもとに〈創作された〉吉川英治の『宮本武蔵』などによっていることである。「はしがき」でも述べたとおり、〈武蔵伝〉というのは、江戸時代に二天一流の後継者たちによって書かれた「武蔵の伝記」という意味である。ところが、〈武蔵伝〉の内容は、実は武蔵の実像とは、ほど遠いのである。代表的な〈武蔵伝〉には、以下にみるようなものがある。

いずれも十八世紀の著作で、一番早い『兵法大祖武州玄信公伝来《へいほうたいそぶしゅうげんしんこうでんらい》』でも、武蔵歿後八十二年後の著作であることにまず注意したい。ふつう、八十年以上も経たのちの、しかも伝聞や脚色された記事を根拠に歴史や伝記を論議することはありえないが、武蔵に限っては、今なおこれらの〈武蔵伝〉が骨格になって語られているようにみえる。

では、その〈武蔵伝〉とはどのようなものか。

1 『武公伝』

最初の武蔵伝

熊本で書かれた最初の〈武蔵伝〉である『武公伝《ぶこうでん》』は、肥後熊本藩筆頭家老・長岡（松井）家の家臣で、二天一流を学んだ肥後八代《やつしろ》の豊田《とよた》正剛《まさたけ》（橋津卜川《はしづぼくせん》。一六七二〜一七四九）の覚書で、それに子の豊田正脩《まさなが》（橋津八水正脩。?〜一七六四）および孫の景英《かげひで》（〜一七八一〜。二天一流師範となる）が書き継いだものといわれるが、未完に終わったらしく、最終の完成の時期ははっきりしない。

現存するものは故富永堅吾氏旧蔵本で、現在、熊本県立図書館に架蔵される写本が唯一かとおもわれる。この写本の奥書《おくがき》には、「于時文政二己卯六月吉辰　田村秀之　書写（花押）」とあり、書写の時期は文政《ぶんせい》二年（一八一九）であるが、豊田正剛の生歿年などから考えて、覚書としての資料収集の着手は、それより遡る十八世紀初め頃で、福岡藩の立花《たちばな》専《せん》太《だ》夫《ゆう》峯均《みねひら》が著した『兵法大祖武州玄信公伝来』（俗に「丹治《たんじ》峯均《ほうきん》筆記」とも呼ばれる）よりやや早い頃とみられている。

内容は、武蔵が著した兵法書『五輪書《ごりんのしょ》』および養子伊織《いおり》が小倉手向山《たむけやま》に立てた武蔵顕彰碑「小倉碑文」よりの引用、二天一流兵法家・道家角左衛門《どうけかくざえもん》や小倉商人村屋勘八郎《むらやかんぱちろう》よりの聞き書き、『本朝《ほんちょう》武芸小伝』、『羅山《らざん》文集』よりの引用などによるものというが、『五輪書』、「小倉碑文」よりの引用部分はともかく（実はこの引用も孫引きだが）、個々の伝聞内容についての正確さは期しがたく、さらに『羅山文集』の解釈には初歩的な誤解もある。

2 『二 天 記』

最も流布した武蔵伝『二天記』

ついで、今日世に最も流布している『二天記《にてんき》』がある。これは宝暦《ほうれき》五年（一七五五）二月、豊田正剛の子正脩が著した『武公記』（『武公伝』とするものもある）を、子の豊田景英が安永《あんえい》五年（一七七六）『二天記』と改めて著したもので、写本が多数あり、相当広く流布したものらしい。

今日『武公記』は伝わらないので、『武公記』は『武公伝』のことではなかったかともみられるが、さだかでない。改訂の際に、武蔵を題材に作られた歌舞伎など、大衆演劇や文学などの話も種々取り入れられていて、残念ながら史料価値は『武公伝』以下とみられている。しかしながら、吉川英治の『宮本武蔵』は、主にこの『二天記』をもとに創作されたもので、多くの映像やマンガも基本はこれによっている。

3　『兵法大祖武州玄信公伝来』（「丹治峯均筆記」）

福岡藩における武蔵伝

一方、〈武蔵伝〉の中で最も古く、信憑性が高いとされる『兵法大祖武州玄信公伝来』は、福岡藩の立花専太夫（丹治峯均）が、享保《きようほう》十二年（一七二七）五月十九日に著したものである。福岡市総合図書館の三宅長春軒文庫に写本があり、これが最善本とみられる。

吉田実連

奥書によれば、立花専太夫が若いころ、師の柴任三左衛門美矩《しばとうさんざえもんよしのり》、吉田実連《よしださねつら》から聞いた話をおもいつくまま記したものという。柴任美矩は、武蔵の高弟・寺尾孫之丞《てらおまごのじよう》（一六一二〜七二）の直弟子で、熊本藩を離れて一時期福岡黒田藩に仕え、武蔵の兵法を黒田家家臣・吉田実連に伝授するなど、福岡に二天一流の正統を伝えた人物である。福岡藩における二天一流の系譜は、武蔵→寺尾孫之丞→柴任美矩→吉田実連→立花専太夫→……となる。

立花専太夫

立花専太夫は黒田藩の重臣であったが、お家騒動に連座して兄実山《じつざん》とともに失脚、流罪に処せられ、失意のうちに実山が遺した茶書『南方録』の「追加」や「秘伝」、および『兵法大祖武州玄信公伝来』を著したことで知られる。

武蔵の関ヶ原合戦

この『兵法大祖武州玄信公伝来』は、武蔵の関ヶ原合戦への参陣が、従来言われてきたような西軍としてではなく、東軍の黒田勢として西軍の大友攻めに加わり、豊後国の安岐《あき》・冨来《とみく》城を攻めたことを伝えるなど、『二天記』などより信憑性は高いとされる。しかし、養子三木之助や伊織の出自などに明らかな間違いもあり、そのまま信じがたい部分も少なくない。

4　『兵法先師伝記』

『兵法先師伝記《ひょうほうせんしでんき》』は、福岡藩に伝えられた柴任美矩系二天一流第七代・丹羽信英《にわのぶひで》が、武蔵歿後一三七年後の天明《てんめい》二年（一七八二）に著した武蔵の伝記である。

丹羽信英

丹羽信英は、もと福岡黒田家譜代の家臣であったが、故あって浪人となり、諸国流浪ののち越後に至り、二天一流を同地に伝えた。この『兵法先師伝記』は、その越後で書かれたもので、『兵法大祖武州玄信公伝来』とは記事に異同があり、また独自の伝説記事もある。『二天記』とほぼ同時期の成立である。

このほかにもいくつか断片的な伝記が知られるが、これらの〈武蔵伝〉は、いずれも『五輪書』や「小倉碑文」なども参照（あるいは孫引き）しているが、その他の内容は、ほとんど伝聞または作り話である。また、二天一流の継承者によって執筆されたことが共通している。そのため今日の我々からみて、とうてい信じがたいことも、盲信的に書き記し、武蔵を超人、英雄に祀り上げようとしていることが共通する。もとより実際にあったことも含まれているであろうが、内容はかなり変形・変質している。

たとえば、養子の三木之助を、もと西宮の馬引き（『兵法大祖武州玄信公伝来』）としたり、伊織をいわゆる泥鰌《どじょう》伊織《いおり》（『武公伝』『二天記』）としたり、商家の子（『兵法大祖武州玄信公伝来』）としたりしている。これらは、武蔵の「目利き」をいわんがための作り話であり、きちんと調べれば明らかになる程度のものである。

武蔵肖像画賛

また、武蔵の肖像画に、林羅山が賛を書いたことについても、依頼者の姫路（のち大和郡山）藩本多家の重臣・石川左京を江戸の旗本にしたり、遺像（歿後に描かれた肖像画）を寿像（生前に描かれた肖像画）にしたりと、結果としてはずいぶん違ったものになってしまっている。そのため、どこまでが真実で、どこからが尾鰭なのか、わからないばかりか、伝記としては信用しがたいものになっているのである。

小倉碑文の問題

いま一つの問題は、武蔵に関する最初の伝記資料として重要視されてきた、「小倉碑文」である。実は、これには武蔵晩年の高弟・寺尾孫之丞が深く関与し、武蔵を誇大に顕彰したものであり、これ自体が〈武蔵伝〉の出発点となっていることが、見過ごされてきたのである。従来「小倉碑文」を根拠に論ぜられてきた伝記の部分は、すべて見直しが必要になろう。大変重要な問題であるので後に詳述し、全文を巻末に付録として掲載することにした。

二　誕生と出自

武蔵は、織田信長が本能寺の変で斃れ（天正《てんしょう》一〇年〈一五八二〉）、豊臣秀吉が天下をとった時代に生を享けた。戦国の世から泰平の世に向かう時代であったとはいえ、世の中がすっかり平和な時代を迎えていたわけではなかった。

宮本家系図

武蔵の養子となった伊織の子孫・小倉の宮本家に伝えられた「宮本家系図」によれば、室町幕府の有力守護大名として勢威を振るった赤松氏の庶流・田原家貞《たはらいえさだ》に、長男久光《ひさみつ》と二男の玄信（武蔵）があり、久光には長男吉久《よしひさ》や二男貞次《さだつぐ》（伊織《いおり》）など五人の男子があった。そして武蔵は甥の貞次を養子にしたことになっている。「宮本家系図」には武蔵について次のように記しているので、読み下しで掲げる。

玄信。宮本武蔵。天正十壬午（一五八二）生まる。新免無二之助一真の養子となり、因《よ》って新免氏と号し、後氏を宮本に改む。剣術を善くするを以て世に著《あらは》る。正保《しょうほう》二乙酉（一六四五）五月十九日肥後国熊本において卒《シュツ》す。享年六十四、法名は兵法天下無双赤松末流武蔵玄信二天居士という。

（宮本家略系図）

赤松持貞——（四代略）——家貞
- 家貞——久光
  - 久光——吉久
  - 久光——貞次（伊織）
- 家貞——玄信（武蔵）＝＝貞次（伊織）……

宮本家系図は弘化二年に編纂

しかし、この「宮本家系図」自体が弘化《こうか》二年（一八四五）に編纂されたものといい、必ずしも記載内容は正確でなく、問題点も指摘されている。

『五輪書』による逆算

一方、『五輪書』序文には、武蔵自身が次のように記している。

兵法之道二天一流と号し、数年鍛練之事、始て書物に顕《あらは》さむと思、時寛永《かんえい》二拾年（一六四三）十月上旬之比《ころ》、九州肥後之地岩戸山に上り、天を拝し、観音を礼し、仏前に向、生国幡磨（播磨）之武士新免武蔵守藤原玄信、年つもりて六拾。……

これにより一般には、『五輪書』執筆にとりかかった寛永二十年が数え年六十歳ということから逆算して、天正十二年（一五八四）生まれとされている。このため、武蔵の生年については「宮本家系図」による天正十年生まれ六十四歳説と、『五輪書』序文から逆算した天正十二年生まれ六十二歳説があって、いまだ決着していない。本書では、とりあえず一般に普及している天正十二年生まれ、数え年六十二歳説によることにする。また、幼名を弁之助または弁助と伝えるものがあるが、確認できない。

出生地は播磨

出生地については、美作（現岡山県北部）説と播州（現兵庫県南部）説があった。しかし、『五輪書』冒頭に「生国播磨の武士新免武蔵守藤原玄信……」とあり、近年は播州説が主流で、ほぼ決着した感がある。

『播磨鑑』の記載

また、江戸時代半ば過ぎの宝暦十二年（一七六二）頃に成立した『播磨鑑《はりまかがみ》』は、武蔵研究文献として、早くから注目され重視されてきた。この『播磨鑑』の著者は、播磨国印南《いんなみ》郡平津村（現加古川市米田《よねだ》町平津）の医師にして暦算家の平野庸脩《ひらのようしゅう》である。その記述内容は正確で、武蔵研究においてのみならず、江戸時代における播磨地方の地誌として信用度はきわめて高いとされる。『播磨鑑』は武蔵と伊織について、以下のように記しており、現代語訳で掲げておく。

宮本武蔵は、（播磨国）揖東《いっとう》郡鵤《いかるが》の辺宮本村の産である。若年より兵術を好み、諸国を修行して、天下に知られていた。そして、武蔵流といって諸士に門人が多かった。しかしながら、諸大名に仕えることはなかった。（あるとき）明石に到って、小笠原右近将監侯（忠真《ただざね》）に謁見して、その時伊織を養子とした。その後、小笠原侯が豊前小倉に転封されたとき同伴したが、（その後）養子伊織は五千石を賜って、大老職に仕官した。今もその子孫は三千石にて家老職を勤めているという。……

宮本伊織は、（播磨国）印南郡米田村の産である。宮本武蔵が養子とした。旧蹟の部に委しく記す。

記述には若干の誤りはあるものの、近年ではこれらの記載が最も有力視され、武蔵は現在の兵庫県揖保《いぼ》郡太子町宮本の出身ではないかとみられている。

「小倉碑文」の記載

さらに、幼少期に新免無二《しんめんむに》の養子となったことについては、武蔵歿後九年目（承応《じょうおう》三年〈一六五四〉）に、養子伊織が小倉の手向山に建てた武蔵の顕彰碑、いわゆる「小倉碑文」に、「父は新免無二と号し、十手の使い手であった。武蔵は（無二の）家業（十手術）を受けつぎ、……」とあるが、養子になった時期は明らかでない。このように武蔵の生年、出生地、出自などについては、現在もなお謎は残されている。

しかし、武蔵の出自について総合的に考えると、天正十二年（一五八四）播磨国揖保郡太子町宮本で出生、幼くして美作出身の新免無二の養子として養育され、後年出身地の宮本村にちなんで宮本姓を名乗ったのではあるまいか。武蔵が新免から宮本へ復したのは、養子三木之助や伊織が宮本を名乗っていることからみて、三十代以前のかなり早い時期ではなかったかとみられる。武蔵は幼少期に兵法者・新免無二斎の養子となりその名跡を継いだが、比較的早い時期に名字を宮本に復し、「武家としての宮本」と「兵法者としての新免」を意識的に使い分けていたように思われる。また、十手術の達人であったと伝えられる養父・新免無二のもとで、自然と武術を身につけていったとおもわれる。

武蔵は赤松氏の庶流か

なお、武蔵が播州の名族赤松氏の庶流・田原家貞の子であったかどうかは微妙である。「宮本家系図」によれば、養子伊織は武蔵の甥ということになるが、承応二年（一六五三）に伊織が故郷の印南郡米田村の氏神である泊《とまり》神社を再建した際に記した「泊神社棟札」には、

「泊神社棟札」の記載

> 余（伊織）の祖先は人王六十二代　村上天皇第七王子具平《ともひら》親王より流伝して赤松氏に出づ。……曽祖は左京大夫貞光と曰ひ、祖考（祖父）は家貞と曰ひ、先考（父）は

久光と曰《い》ふ。貞光より来《このかた》則ち相継で小寺に属し、其の甲の麾下たり。故に筑前に子孫今に在るを見る。作州の顕氏に神免なる者有り、天正の間嗣無くして筑前秋月城に卒《シュツ》す。遺を受け家を承ぐは武蔵掾《むさしのじょう》玄信と曰ひ、後氏を宮本に改む。亦子無くして以て余を義子と為す。故に余今其氏を称す。……時に承応二癸巳暦五月日。宮本伊織源貞次謹白。

とあるのみで、武蔵と伊織との血縁関係をうかがわせる記載はなく、「猶子《ゆうし》」でなく「義子《ぎし》」とあることから、血縁関係はなかったかのようにもみえる。「猶子」と「義子」の用例はさまざまで、これを根拠にはなしえないが、武蔵が田原氏の出身というのは、「宮本家系図」の誤伝の可能性を否定できない。

第二　青年期

一　武者修業

武蔵の青年期＝修業時代は、『五輪書《ごりんのしょ》』「地の巻」のはじめに、

　われ若年之昔より兵法之道に心を懸け、十三歳（慶長《けいちょう》元年〈一五九六〉）にして始て勝負をす。……其ほど十三より二十八九（慶長十七年〈一六一二〉）迄の事也。

とあるように、主に慶長年間で、徳川政権の確立期にあたる。武蔵といえば、この武者修行時代の「吉岡一門との決闘」と「巌流島の決闘」が有名だが、実はこの二つの決闘の真相はよくわからない。このほかの「兵法勝負」は、初めの二件以外はさらに不明である。

有馬喜兵衛・秋山某に勝つ

『五輪書』「地の巻」他によれば、武蔵は十三歳（慶長元年）にして新当流有馬喜兵衛《ありまきへえ》に勝ち、以後武者修行に入ったような印象だが、いわゆる廻国修行は、十六歳（慶長四年

（一五九九）のとき、但馬国の強力の兵法者・秋山某に勝った頃からであろうか。『五輪書』には「拾六歳にして但馬国秋山と云強力の兵法者に打かち」とあり、「小倉碑文」には「十六歳の春、但馬国に到るに、大力量の兵術人、名は秋山なる者有り。又反掌の間に勝負を決し、其の人を打ち殺し、芳声街に満つ」とみえる。が、強力の兵法者秋山については伝記不明である。

1　吉岡一門との勝負

「小倉碑文」の吉岡一門との勝負

さて、『五輪書』に「二十一歳にして都へ上り、天下の兵法者に逢い、数度の勝負を決したけれども、勝利を得ないということは無かった」というので、慶長九年（一六〇四）には京に上って、天下の兵法者すなわち吉岡一門と勝負をしたのであろう。吉岡一門との勝負は、巌流島の決闘とならんで武蔵の生涯で広く知られているが、この勝負の詳細は「小倉碑文」によって広まったもので、「小倉碑文」には次のようにみえる。やや長いが現代語訳で見てみよう。

後京都に到ったところ、扶桑（日本）第一の兵術吉岡なる者がいた。彼の家の嗣・清十郎と雌雄を決せんことを請い、洛外蓮台野に於いて龍虎の威を争った。勝敗は

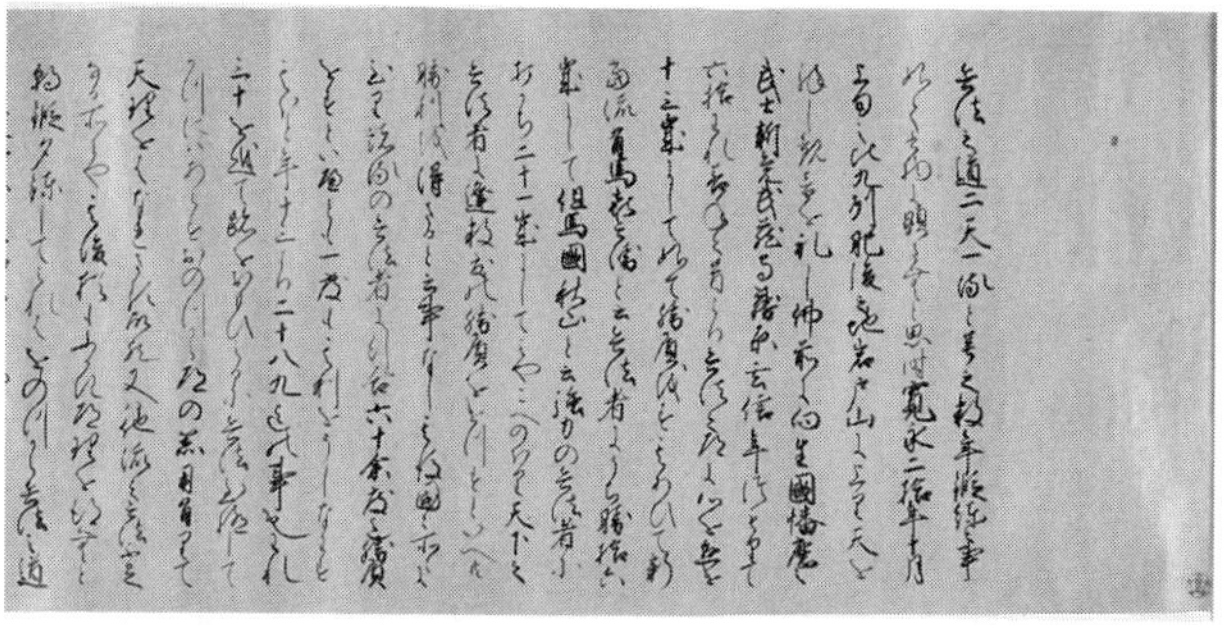

地の巻冒頭

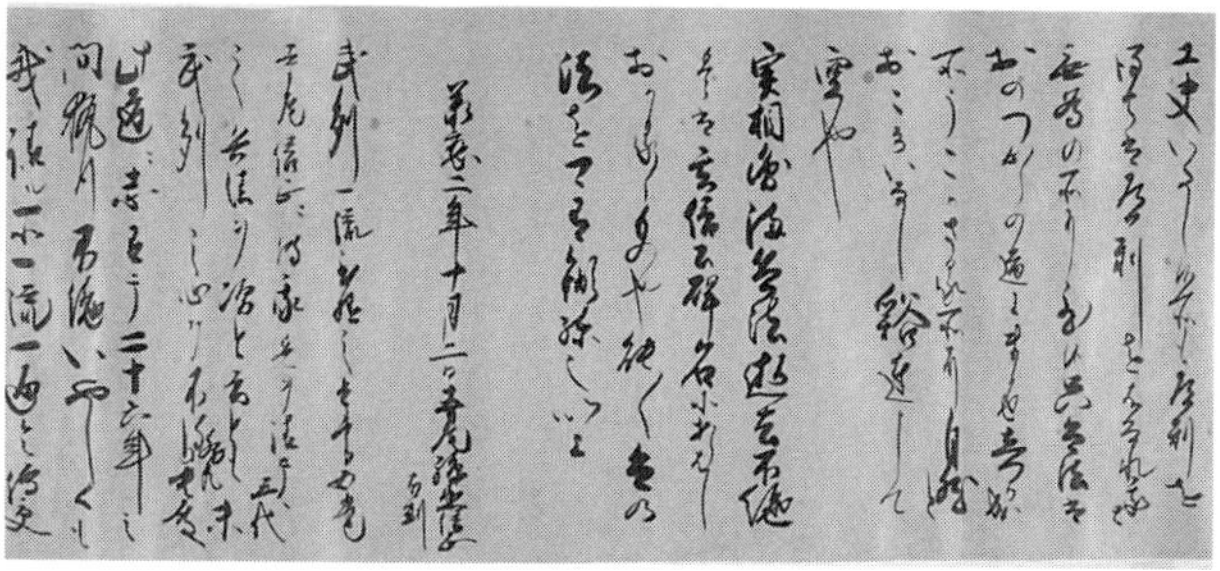

空の巻

「五 輪 書」（国立大学法人九州大学附属図書館所蔵『二天一流兵法書』のこと）

決したけれども、木刀の一撃に触れて、吉岡は眼前に倒れ臥して気絶した。あらかじめ一撃だけとの諾（約束）であったので、命根を輔弼した（命は助かった）。彼の門生らは（清十郎を）板上に助け乗せて去り、薬治温湯して漸く回復したが、遂に兵術を棄て薙髪してしまった。その後に吉岡伝七郎とまた洛外に出て雌雄を決した。伝七は、五尺余の木刀を袖にして来た。武蔵がその機に臨んで、彼の木刃を奪ってこれを撃つと、地に伏したちどころに死んだ。吉岡の門生らは冤《うらみ》を含み、密語して（密かに語らって）云うには、兵術の妙をもっては敵対できるような相手ではない、籌《はかりごと》を帷幄《いあく》に運《めぐら》そう（策略を立てよう）と。そうして吉岡又七郎は、事（理由）を兵術（兵法試合）ということにして洛外下松《さがりまつ》辺に会した。彼の門生数百人は、兵仗弓箭をもって、忽ち武蔵を殺そうと考えた。武蔵は平日（平生）先を知る才能があり、非義の働を察知し、窃《ひそか》に武蔵の門生にいうには、你《なんじ》らは傍人（他人）である、速に退け。たとえ怨敵が群を成し隊を成すというとも、私からこれをみれば浮雲のようなものである。どうして恐れることがあろうかと。衆敵を追い散らす様子は、走狗が猛獣を追うのに似ていた。威を震って洛陽（京都）に帰ったところ、人は皆これに感嘆した。勇勢（勇ましいありさま）知謀（巧みなはかりごと）や、一人でもって万人を敵にできるのは、実に兵家の妙法である。これより先、吉岡は代々足利将軍の師範として、扶桑第一兵術者の号があった。霊陽院足利義昭公の時であったが、新免無二を召して、吉岡と兵術の勝負を決させた。限るに三度をもってしたところ、吉岡が一度利を得、新免が両度勝を決した。これによって新免無二をして、日下無双兵法術者の号を賜わった。故に武蔵も洛陽に到り、吉岡と数度勝負を決し、遂に吉岡兵法の家は泯《ほろ》び絶えた。

だが、この部分に関しては、かなりの文飾や虚構があるとみられ、そのまま信ずるには問題がある。後に詳述するように、「小倉碑文」は武蔵の高弟寺尾孫之丞が深くかかわって書かれたもので、武蔵の強さをことさら誇張している。武蔵を「天下無双の兵法者」に仕立て上げるには、その相手は地方の無名兵法者ではなく、都の、しかも「扶桑第一兵術者」吉岡一門を、完膚なきまでに打ち負かしたという話が必要であった、ということを考えなければならない。

もっとも、この決闘については、吉岡側から書かれた『吉岡伝』（一六八四年）という資料もある。それによれば、無敵流の武蔵は、吉岡憲法直綱《よしおかけんぽうなおつな》と戦って引き分け、再試合を避け逃げ出し、負けた……ということになっている。『吉岡伝』も作り話にすぎないが、こういった話がほかにもいくつか伝わることからみても、「小倉碑文」も額面どおりに受けとるわけにはいかないということである。

結局、『五輪書』「地の巻」にみえる「二十一歳にしてミやこへのほり、天下之兵法者に逢、数度の勝負をけつすといへ共、勝利を得さると云事なし」以上のことは、わからないというべきである。

吉岡伝

小倉碑文

2　巌流島の決闘

さらに、今日最も有名な巌流島の決闘についても、諸伝まちまちである。巌流島の決闘については、『五輪書』には一言も触れていないが、さいわい「小倉碑文」、『兵法大祖武州玄信公伝来』『二天記』『沼田家記』と、資料がそろっている。これらをあわせ読むと、いかにして〈武蔵伝〉が形作られていったかが想像され、また、その虚構性もうかがえるので、ここでは武蔵の兵法勝負に関して巌流島の決闘を採りあげて参考に供したい。以下、現代語訳（意訳）で順に掲げていく。

「小倉碑文」の巌流島の決闘

「小倉碑文」

小倉に兵術の達人で岩流と名乗る者がいたので、武蔵は彼に試合を申し込んだ。岩流は真剣で戦おうと言ったが、武蔵は「そちらは真剣で、私は木刀でその術を尽くそう」とこたえた。堅く約束をして長門と豊前の際の舟島で、両者同時に会した。岩流は三尺の真剣を手にやってきて、命を顧みず術を尽した。武蔵は木刀の一撃をもってこれを殺した。電光もなお遅いとおもわれるような早業であった。そこで俗に、舟島を改めて岩流島というようになった。

『兵法大祖武州玄信公伝来』では武蔵は十九歳、相手は津田小次郎

『兵法大祖武州玄信公伝来』

武蔵十九歳のとき巌流と試闘をした。巌流は流義の称号である。津田小次郎という長府の者であったとか。そのころ武蔵は、摂津国あたりにいた。随仕の輩もあったとか。（これより先）小次郎は、武蔵の養父無二に試合を望んだが、無二は、つよく固辞した。これは巌流は仕込剣《しこみけん》の木刀を持っていたので、これを怖《おそ》れて無二が辞退したとの評判であった。武蔵はこれを伝え聞いて、「致し方ない、長門に下って勝負をしよう」と長門へ下った。小次郎は地元の人、武蔵はよそ者故、何とかして小次郎の方から試合を望むように仕向けたく、小次郎の門弟の前をもはばからず、「私が小次郎と試合をすれば、蛙の頭を圧《お》し潰《つぶ》すように、簡単に圧し潰すであろう」といった。小次郎はこれを伝え聞いて、「若造武蔵の失礼千万な物言い、そのままには捨て置けぬ」ということで試合を申し込んだ。武蔵は一応断りを申したが、小次郎が強いて望むため、「それなら、望みに任せよう」といって下関で勝負を決しようとした。しかし土地の者が許さなかった。このため、「あの島へ渡ろう」と約束し、長門と豊前の堺・舟島へ押し渡った。武蔵は小次郎より先に渡海した。頃は（旧暦）十月の事であったので、下には小袖を着け、上に袷を着て、カルサンを

青木条右衛門製の木刀

武蔵が早く島に渡っていた

門司城主の見物

着て、舟の櫂を長さ四尺に切り、刃の方には二寸釘を隙間なく打ち込み、握りの所に篭《こ》めを入れて持った［是は青木条右衛門製と伝えていた］。小太刀には、皮付きの手ごろの木を、握りの所は皮を削って持っていた。舟島の浜辺の岩に腰掛け、小太刀を膝の上に横たえ、舟の櫂は右の方、横に無造作に持ち、うつむいて小次郎を待っていた。往来の舟は錨をおろし、貴賤取り混ぜた見物が群集した。豊州門司の城主何某［細川越中守殿家臣、名前は忘れた］が、武蔵と入魂《じっこん》の者ゆえに家来を大勢召し連れ、大身の槍を持たせ、挟箱に腰をかけ、浜辺に居て見物していた。小次郎は小舟に乗り、家来一人、水主一人で漕ぎ渡った。これもカルサンを着けて、仕込剣の木刀を杖について立っていた。舟島を見かけ、後ろを顧みて家来に何事か話しかけ、かの仕込剣を取直し、四つ五つ打振って海底へ投げ、刀を鞘ともに抜出し、するすると抜き放って、鞘を切り折って海へ投げ捨て、刀を引きそばめて舟の着くのを待った。これは、たとえ武蔵に打ち勝っても、大身の槍を持たせた侍が、そのまま逃がすことはないと気にかかったのであろうか。いよいよ磯近くなると、船端を踏んで飛び上がったが、飛び損じて両膝をついた。見物の群集は一同に笑った。小次郎は、刀を引きそばめて、城主何某の前に行き、「何者故ここにおられるのか」と咎めた。何

小次郎は青江の刀

負傷の描写

某は「私は武蔵と親しい者である。今日そなたとの勝負を見物のために渡海した。まったくそなたには関係ない者である。血に酔ったか、うろたえ者」と、散々に悪口を言った。それまでも武蔵は、岩に腰かけうつむいていたが、問答の内に立ちあがり、櫂をもって白砂を二つ三つ左右へ払い「小次郎、武蔵はここにいるぞ」と言葉をかけた。小次郎は、引き返し、二尺七寸の青江の刀を左右にかけ、水車に打ち振り、面をも振らず切りかかった。巌流の秘伝の太刀に、水車に振ることを専らとするというものがあり、仕込剣も水車に振って、敵との間が当たる距離に至って剣を振出し、手裡剣のように飛ばし、つけ入って木刀にて打ちつけるといっていた。武蔵も舟の櫂を右脇の位に構え、あいかかりに打ち掛かった。双方あたる距離に至り、武蔵は櫂を下より振り上げて打ち込み、小次郎も刀を水車より直に切り込んだ。互にあたった。しかし小次郎の刀は、手が回って、刀の平をもって武蔵の左の平首を打った。武蔵の木刀は、小次郎の頭に当たり、小次郎はたじたじと二三間下がって、どうと尻餅をついた。武蔵が二の目を打とうと立ち寄るところを、小次郎はふっと起きあがり、両膝をつきながら、横に払った。武蔵のカルサンの前をはらりと切り放したので、カルサンは前へ垂れた。武蔵は二の目をまた、強《したた》かに打った。

大力、しかも舟の櫂の強かなもので、同じつぼを二つ迄打ったので、頭はくだけてひれ伏した。武蔵はカルサンのボタンを外し、カルサンをかなぐり捨て、それを水辺まで高く掲げ、小次郎の刀をも取り、舟の柱に打ちまたがって漕ぎ戻った。はじめカルサンを切らせたことは、諸人も見ていたので、高く掲げ、平首にあたったのは、険しい場面故、見届けた者はなかった。太刀が平打ながら、強かに打ったので血も少しは流れたのを、下着の襟を出し、疵を隠したとか。さて、見物の貴賤が小次郎に近づいて見ると、はや息も絶々《たえだえ》であった。見物の内より、「武蔵は早や立ち退いたが、小次郎はもはやこれまでか」と言葉をかけたところ、両眼をかっと見開き、ふっと立ちあがり、「水一つくれよ、やる事ではなき」と一声叫んで、前にがっぱと転んで息絶えた。小次郎も古今の英雄というべきである。惜しむべし憐れむべし。これは下の関辺にて語り伝えるところである。それより、舟島を巌流島と呼ぶようになった。小次郎の帯していた刀は、いまなお宮本伊織の家に有るとかいう。

『二天記』の巌流島の決闘

『二天記』

岩流小次郎という剣客がいた。越前宇坂の庄、浄教寺村の産である。天資豪岩、壮健は比類なかった。……かくて豊前小倉に至った。大守細川三斎公(忠興)が聞《きこ》し

武蔵二十九歳

長岡興長の仲介

召して小次郎を留め置かれて、門弟も出来て指南していた。

時に慶長十七年四月、武蔵は都より小倉に来た。二十九歳であった。長岡佐渡興長《おきなが》公の第（屋敷）に至った。興長公は、かつて武蔵の父無二之介の門人であった。その故があって来たという。そして興長公に請うて言った「岩流小次郎が今この地に留っている。その術はずば抜けていると聞いています。ねがわくは小次郎と技を競いたい。公は無二との縁があるということでお頼み奉るものです」と。興長公は応諾して、武蔵を留めて忠興公に申し上げ、その日を定めて、小倉の絶島において勝負を決せしめた。向島、または舟島ともいった。今はまた岩流島という。豊前と長門の境、小倉より舟行一里、長門下関よりも同里数であった。さて、前日府中にお触があって、このたびは双方に勝負の贔屓や観戦を禁止された。興長公は武蔵に「明朝辰の上刻（午前八時ころ）、向島において岩流小次郎と試合致すべき由忠興公は諭された。小次郎は忠興公の船で差し越されるだろう。武蔵は興長の船で渡してやろう」と言われた。武蔵は喜色を面に表して、願望が達したことを謝した。しかし、その夜武蔵はどこかへ去って行方がわからなくなった。遍《あまね》く府中を尋ねたけれども、行方が知れなかった。皆がいうには「彼はこの間滞留中に小次郎の技が大変優れていることを聞いて、臆して逃げたのだ」と。興長公もいかんともしがたく、茫然と臍《ほぞ》を嚙むに至った。しばらくして、興長公は家来に「つらつらこれを考えるに、彼が懼れて逃げるのならば、どうして今日まで待ったのだ。察するに、彼には考えがあるのだろう。先日は下関に着いて、翌日ここに来た。きっと下関に行って、そこから向島に行くに違いない。急いで飛脚を立てるように」と命じられた。早速飛脚が下関に至ると、果たして問屋小林太郎衛門という者の所にいた。飛脚が右の趣を告げると、武蔵は公に手紙を呈した。その文にこうあった。

武蔵下関へ

長岡興長への書状

明朝の仕合のことについて、私はあなた様の御船で向嶋に遣わされるとお聞きしました。重ね重ね御心遣いのことはありがたく存じますが、今回は小次郎と私とは敵対の者でございます。ところが、小次郎は忠興様御船にて遣わされ、私はあなた様の御船で遣すとございます。しかし、それは御主人に対せられ如何《いかが》かと存じます。このことについて、私には御構いなされない方がよいと存じます。このことは直に申し上げるべきでしたが、御承引なさるまいと考え、わざと申し上げずにこちらへ参りました。御船のことは幾重にも御断り申し上げます。明朝はこちらの船で向島へ渡ります。少しも差し支えありません。いい時間に参りますので、左様に思し召

しください。以上

四月十二日　　　宮本武蔵

佐渡守様

武蔵、小次郎をじらす

櫂で木刀を削る

島には検使警固の者

と右のように返答した。さて翌朝になり、日が高くなるまで武蔵は寝て起きなかった。亭主の太郎左衛門は心もとなくおもい、辰の刻になりますよ、と起し告げるところに、小倉より飛脚が来て、船渡りの由を武蔵に告げた。武蔵は、ほどなく参ります、と返答し、手洗いをし、飯を食べて、亭主に請うて櫂をもって木刀を大きく削った。そのうち飛脚がまた来て、早々に渡るよう急いで告げた。武蔵は絹の袷《あわせ》を着て手拭を帯にはさみ、その上に綿入れを着て、小船に乗って出た。梢人《かじびと》は太郎左衛門の家僕であった。船中で紙線《こより》をもって襷にかけ、右の綿入れを覆って伏せた。島には検使警固の者を差し渡された。その号令は厳重であった。漸く巳の刻（十時）過に武蔵は向島に至った。島の洲崎に船を留めて覆っていた綿入を脱ぎ、刀は船に置き、短刀を差して裳《もすそ》を高くかかげ、かの木刀を提《さ》げ、素足で船より下り、浅汀を渉ること数十歩、行きながら帯にはんだ手拭をもって一重の鉢巻にした。小次郎は、猩々《しょうじょう》緋《ひ》の袖なし羽織に、染革《そめかわ》の立付《たつつけ》を着て、わらじを履き、三尺余の刀を

小次郎の頭を打つ

脇腹を打つ

帯していた。備前長光の由であった。はなはだ待ち疲れ、武蔵が来るのをはるかに見て、憤然として水際に立って言った。「私はここに先に来た。汝はどうして遅れたのか。ああ、汝は気後れしたのか」と。武蔵は黙然として答えず、聞こえなかったかのようであった。小次郎は、霜刃を抜いて鞘を水中に投げ、水際に立って武蔵が近づくのを迎えた。その時、武蔵は水中に踏み留まり、にっこと笑って言った。「小次郎負たり。勝者はどうして鞘を捨ようか」と。小次郎はますます怒って、武蔵が近づくと同時に刀を真向に振り立て、武蔵の眉間を打った。武蔵が同じく撃った木刀は、小次郎の頭に当たり、たちどころに小次郎は倒れた。初め小次郎が打った太刀の切先は、武蔵の鉢巻の結目に当たったのか、手拭が分れて落ちた。武蔵は、木刀を提げてしばらく立ち、また上げて打とうとした。小次郎は、伏しながら横に払った。武蔵の袷の膝の上に垂れたところを三寸ばかり切り裂いた。武蔵が打った木刀は、小次郎の脇腹横骨を打ち折って、小次郎はそのまま気絶し、口鼻より血が流れ出た。しばらくして武蔵は木刀を捨て、手で小次郎の口鼻を覆い、顔をよせてしばらく死活をうかがった。そうして後、遙かに検使に向かって一礼し、起《た》って木刀をとり、元の船に行き飛び乗って自らも共に棹さして行ったのが速やかであった。

下関に帰り、興長公に書を呈して謝礼した。その後、小倉に至って、興長公に忠興公の侍何某と勝負をしたいと願った。老役が会議したが、このことは願が達せず、また下関に帰ったという。

岩流は佐々木小次郎
十八歳

岩流は佐々木小次郎といい、この時十八歳とのことであった。英雄豪傑の人であったと、武蔵もこれを惜しんだという。

『沼田家記』の記載

『沼田家記』（熊本県立図書館　上妻文庫42　原本は永青文庫蔵）

小次郎は一人

武蔵の弟子小次郎を殺す

（細川藩重臣・沼田）延元様が門司に居られたとき、ある年、宮本武蔵玄信が豊前へやって来て二刀兵法の師をしていた。そのころ小次郎と申す者は岩流の兵法をやっていて、これも師をしていた。双方の弟子共が兵法の勝劣を申し立て、武蔵と小次郎と兵法の試合をするように決め、豊前と長門の間のひく島〔後岩流島と言う〕に出会い、双方共に弟子一人も行かないことにして、試合をしたところ、小次郎は打ち殺された。小次郎方は、約束どおり弟子一人も行かなかった。しかし、武蔵方は弟子どもが数人隠れていた。その後に小次郎は蘇生したが、武蔵の弟子どもがやって来て、後で打ち殺した。このことが小倉へ聞こえて、小次郎の弟子どもは一味となって、是非とも武蔵を打ち果たそうと、大勢彼の島へ行った。これによって武蔵は遁れが

武蔵門司に逃げる

たくなり、門司に遁げ参り、延元様を偏に頼りにしたため、（家中で）相談されて、そのまま城中に召し置かれたので、武蔵はつつがなく運を開いた。その後、武蔵を豊後へ送り遣わされた。石井三之丞と申す馬乗に、鉄炮の者どもを御附けになり、道を警固いたして、別条無く豊後へ送り届け、武蔵の親無二と申す者に相渡したとのことであった。

武蔵鉄炮の者に守られ豊後へ

巌流島の決闘における確実な事実

以上、「小倉碑文」から『兵法大祖武州玄信公伝来』『二天記』『沼田家記』まで見てきたが、これらから確実に読み取れることは、巌流島で武蔵と岩流（巌流）が勝負をして武蔵が勝ったということだけである。それがいつのことか、武蔵と岩流はそれぞれ何歳であったのか、どちらが先に島に渡っていたのか、公式の立ち合いがあったのか無かったのか、立会人があったとしたら誰であったのか、一対一での戦いであったのかなど、他に傍証する史料がなく、何とも決定できないのである。

長岡興長が佐渡守を名乗るのは二十一年後

第一、相手の「岩流」は、号とも流派名ともみられているが、その名字も津田であったのか、佐々木であったのかさえも、わからない。もっとも、『二天記』にみえる「長岡佐渡守興長《おきなが》」宛ての書状は、長岡興長が佐渡守を名乗る以前のことで、まったくの捏造であることはすでに知られている。ちなみに長岡興長は、慶長十七年（一六一二）当時は式部少輔と名乗っていて、十八年後の寛永《かんえい》七年（一六三〇）に佐渡守と改めた。

一方、いかにも客観的な立場から書かれたようにみえる『沼田家記』が史実だとすると、なんとも惨めで情けなくなるが、これも約六十年も後（寛文《かんぶん》十二年〈一六七二〉）の編纂物であり、小次郎の弟子たちが、武蔵と弟子たちの非道を小倉で伝え聞き、巌流島に押し掛けたなどというあたりも、いささか不自然で、今のところは参考資料の一つでしかない。なお、残念なことに、沼田家には延元に関する史料は多数伝来するが、武蔵に関する史料は皆無といい、この話の出典は不明である。

『木下延俊慶長十八年日次記』の記載

ところで、この『沼田家記』の記事を、『木下延俊慶長十八年日次記《きのしたのぶとし》』の記事と関連づける興味深い説もある（巻末参考文献参照）。すなわち『木下延俊慶長日記』によれば、「無二《むに》」なる兵法家は、慶長十八年（一六一三）五月二日、豊後日出《ひじ》に来て、木下延俊の家臣となったことが知られるが、ここに武蔵が送り届けられた可能性はないか、ということである。この仮説が正しいとすると、巌流島の決闘は慶長十八年頃のこととなるが、そこに登場する「無二」なる人物の正体が、いま一つはっきりしない。

武蔵三十歳

また、もしこれが正しいとすれば、武蔵と養父無二との関係など、根底から洗いなおす必要が出てくる。つまり、「宮本家系図」や「泊神社棟札」などとの関係である。『木下延俊慶長十八年日次記』の慶長十八年は、このとき武蔵は三十歳、または三十二歳（宮本家系図）となり、『五輪書』の記載「兵法勝負は二十八、九歳まで」と微妙に合わない。「泊神社棟札」によれば、無二は天正《てんしょう》年間に亡くなっているとするので、別人ということになる。ただし、「泊神社棟札」が、「慶長年間」とすべきところを誤って「天正年間」としたのであれば、可能性は残る。

『兵法大祖武州玄信公伝来』は何を根拠にしたのか不明だが、武蔵十九歳のときとすれば、年代的に無理がある。『二天記』も何によったのか不明だが、慶長十七年四月とすれば、これも年代的に合わない。

宮本無二斎の免許

さらに、『木下延俊慶長日記』ではこの「無二」のことに関して、

日出藩家老菅沼政常が宝暦元年十二月に著した『平姓杉原氏御系図附言』の延俊の項に「剣術は宮本無二斎の流派を伝たまふ無二斎の免許の巻物今以有之」とあるが、この「宮本無二斎」と日記にみえる「無二」は同一人物であろう。そしてもしかしたら、この無二はあの宮本武蔵のことかもしれない。

と推測されている。今これらを論証することはできないが、ただ、ここの割註にみえる「無二斎の免許の巻物今もってこれあり」というのは、巷間に知られる「当理流目録」

を連想させ、たいへん興味深い。

私は、いまのところ「宮本無二斎」なる当理流の兵法家は、宮本武蔵やその養父「新免無二」とは別人と考えているが、拠るべき史料を知らないので、今後の課題の一つとしなければならない。

このように、武者修行の廻国経路や年次については確かな史料はない。また、六十余度に及んだという兵法勝負の具体的な年月日や相手については、いくつか〈武蔵伝〉に載せられているが、傍証資料もなく検証は困難である。肯定するにしても否定するにしても、今のところ確かな資料はない。「そうであったかもしれない」の状態である。

青年期における情勢

ところで、武蔵の兵法修行の年代を、『五輪書』にいうように、仮に十三歳から二十九歳頃とすると、巻末の年表からも明らかなように、豊臣秀吉が亡くなり、徳川政権が確立されていく時期と重なる。武蔵の青年期は、関ヶ原合戦で徳川方が決定的に優勢になったとはいえ、まだ大坂城には豊臣秀頼が居り、大坂方の意向をうかがう大名もいる不穏な時代であったといえよう。この不穏な時代は、慶長十九・二十年（一六一四・一五）の大坂冬の陣・夏の陣でひとまず終息するが、武蔵の青年期はこのような時代であった。

武者修行の終焉

巌流島の決闘が、慶長十七年（一六一二＝武蔵二十九歳）とすると、大坂の陣を機に、武蔵の武者修行時代もほぼ終わったとみられる。

二　戦　陣

武蔵と戦陣

武者修行に続いて、戦陣をみていこう。武蔵の戦陣について「小倉碑文」の記載を現代語訳で次に掲げると、

豊臣太閤（秀吉）公の嬖臣《へいしん》石田治部少輔（三成）謀叛（関ヶ原合戦）の時、或は摂州大坂において秀頼公兵乱（大坂冬・夏の陣）の時、武蔵の勇功・佳名は、たとえ海のように大きな口、渓川のように絶え間なく語り続けるような舌があっても、どうして説きつくすことができようか（お釈迦様の説法をもってしても説き尽くせない）。簡《はぶ》き略してこれは記さない。

とみえるのみで、武蔵の参陣についての具体的な記載はない。

「小倉碑文」内での情報落差

武蔵の戦功が筆舌に尽くしがたいほどのことであったならば、「どこで」「誰の配下で出陣した」のかなど、ほんの少しだけでも具体的に記されていてよいようにおもう。しかし、まったく触れていない。吉岡一門との決闘の記載との落差は大きい。ことに晩年

の武蔵にとっては、一対一の個人的な戦い（一分の兵法）と同様、否もっと大きな比重を占めたかもしれない戦陣（大分の兵法）についても考えてみたいのだが、資料はわずかしかない。ここでは、関ヶ原合戦、大坂の陣についてみていくことにしよう。

1　関ヶ原合戦

黒田勢として出陣

武蔵と関ヶ原合戦については、他に参考にすべきものがないので、とりあえず『兵法大祖武州玄信公伝来』を現代語訳で次に掲げる。

①慶長五年庚子（一六〇〇）、石田治部少輔三成が邪謀を企て、美濃の関ヶ原で家康公と雌雄を決し、三成は戦いに敗れて生け捕られた。九州では黒田如水公が東軍の御味方として、中津川の御居城を御発騎になり、石垣原で大友義統《おおともよしむね》を擒《とりこ》にされ、安岐《あき》・冨来《とみく》の二城を責め破られた。御出陣の前、弁之助（武蔵）は中津へ下り、父（養父無二）の勘気も赦免されて、父子一所にいた。これは、弁之助十七歳の時であった。

武蔵、同輩に説く

②近々出陣があるだろうと、同輩打ち連れて山野に出て遊行していたが、二間程の切岸の所があった。下は小竹原を切り払って、竹の削ぎかけがたくさん立っていた。弁之助は朋友に向って、この下を敵が駈け通ったら皆はどうされるかと申された。

朋友どもは、たとえどのような敵が駆け通っても追いかける方法もない、と言い終えないうちに、弁之助は、えい、と声をかけて飛び降りた。竹の削ぎ杙《そくい》が足を貫いたので、皆驚いて、これはどうした事か、と言った。弁之助が言うには、上へは三尺四尺であっても飛び上がることはできない。しかし下へは数丈あっても飛び降りることができる、まったくこんなものである。それなのに、敵が駆け通るのをどうして追いかけることができようかと皆は申されるが、言語道断である。そこで、怪我をするとはおもいながらも、皆の一言によって飛び降りたのだと言われた。朋友どもは驚きおそれた。

戦陣での様子

③その後、出陣して、冨来城乗りの節、黒田兵庫殿の先手《さきて》より二町ほど先駆けて、三の丸の平場に乗りあがったところを、矢狭間《やざま》より鎗をもって弁之助の股を突き掠《かす》る者がいた。弁之助はひどく怒って、立ち並んだ者どもに向って、この狭間から鎗で吾を突け、鎗を取ってみせようと言って、股を矢狭間にさし当てて待った。案の定、また鎗で股を貫いた。突き通されながら（鎗の）鶏の首をしっかり摑まえて、鎗を奪い取ろうとした。敵も取られまいと引き合った。弁之助は股の骨に当てて、えい、と言って、鶏の首より二尺余をおいて鎗を（切）折り、朋友どもにむかって、「これ

を見よ、鎗を取ったぞ」といって、少しも疵を被ったことは言わなかった。皆驚いて、血止めなどと騒ぐのに、馬糞を取って疵口に押入れ、少しも痛む様子もなく城へ乗り上ってよく働き、その後、小屋に帰ってからも朋友の手負いを見廻に、杖にすがって、痛むような素振りもなく徘徊されたという。

とみえる。初めの部分①は、現在の研究者の間では肯定的にみられ、武蔵は豊後国で東軍の黒田勢として出陣し、西軍の大友攻めに加わったのではないかとみられている。しかし、武蔵の参陣を示すたしかな記録はない。また、年齢十七歳の記載が正しければ、武蔵の出生は天正十二年（一五八四）ということになるが、これも伝聞の一つにすぎない。後の方②③の武勇伝は伝説の域を出ず、今のところ拠るべき資料はない。

関ヶ原の時は十七歳？

なお、かつては、武蔵は西軍に属したため徳川の世になって牢人を余儀なくされたとか、「美濃の関ヶ原」に出陣したなどと考えられたことについては、現在は否定されている。

さらに『兵法先師伝記』を現代語訳でみておこう。そこには、

先師（武蔵）は、もとより主君に仕える身ではない、吾が志す処は兵法至極の道に達することのみであると、今度の戦場には出られなかった。

関ヶ原の戦功は不明

とある。このほか関ヶ原合戦に関しては、ほかにもいろいろと異説・俗説があるが、はたして武蔵は関ヶ原合戦に参陣したのか、どれほどの戦功があったのか、まったく確認できない。ともあれ、武蔵にとっての関ヶ原合戦については、たしかな記録はなく不明としなければならない。

ただ、参陣したとすれば、年齢などからみて『五輪書』にいう「人数をつかふ事」（人数を遣う事＝軍勢を指揮すること）すなわち大分の兵法ではなく、一兵卒としての参陣ではなかったろうか。

2 大坂の陣

水野軍として出陣

武蔵の大坂の陣出陣（武蔵三十一〜二歳）については、福田正秀氏の研究により、徳川方の水野勝成《みずのかつなり》軍に属して戦ったことが知られるにいたった。すなわち、大坂の陣当時、三河刈谷城主であった水野日向守勝成の陣備えを記した「大坂御陣之御供」の職制名簿中に宮本武蔵の名がみえ（水野藩家老中山家文書）、「大坂御陳《陣》御人数附覚」（福山藩小場家文書）にも同様の記録が確認され、武蔵が水野家中として出陣したことがわかる。このときは、水野勝成の嫡男・勝重《かつしげ》（後勝俊）附き一〇名のうち、四番目に記されている。また、「大坂御陣御人数附覚」に列記されている氏名は、騎馬武者と考えられることから、武蔵も騎馬で出陣したとみられている。

そのときの武蔵の武功について、後世、尾張藩の書物奉行・松平君山《まつだいらくんざん》がまとめた『黄耈雑録《こうこうざつろく》』に、

宮本武蔵は兵法の名人なり。……大坂の時、水野日向守が手に付、三間程のしないの差物に釈迦者仏法之為知者、我者兵法之為知者と書ける。よき覚ハなし。何方にて有けん橋の上にて、大木刀を持、雑人を橋の左右へなぎ伏ける様子見事なりし、と人々誉ける。

よき覚はなし

とある。これが真実を伝えているとすれば、「よき覚はなし」というので、武蔵は名のある武将を討ち取ることはなかった。が、「どこぞの橋の上で大木刀を持って雑兵を左右へなぎ伏せた様子が見事であった、と人々が誉めていた」というので、武功はあったことになる。また、この記述が史実であったとすれば、ここでも武蔵は「人数をつかふ事」のない参陣であったことになろう。なお、「しないの差物」とは、横手を入れず、竪だけに竿を入れて撓《しな》わせた幟《のぼり》の指物《さしもの》のことである。

道明寺の戦いにおける功

そのときの水野軍には、のち武蔵の養子となる三木之助《みきのすけ》の父・中川志摩之助《なかがわしまのすけ》があり、

徳川方には本多忠政《ほんだただまさ》があり、武蔵は、道明寺《どうみようじ》の戦いで水野軍が本多忠政の急場を救うのに功があったとみられている。さらに、それが縁で水野家臣中川志摩之助三男・三木之助とその弟九郎太郎（九郎次郎）を武蔵の養子とし、本多家に出仕させる契機となったとみられている。

薙刀での戦いぶり

『兵法大祖武州玄信公伝来』（「丹治峯均筆記」）の記載を現代語訳で次に掲げると、

一　慶長十九年、翌元和元年、摂州大坂両度の御合戦（大坂冬・夏の陣）にも、出陣して功名をあらわし、伝来の薙刀で数人を薙ぎ倒されたという。ただし、いずれの大名について出陣されたのか、そのことは失した。

とある。いずれも伝聞資料ではあるが、『黄耇雑録』の方がやや詳しい。「橋の上で、大木刀で雑人を薙ぎ伏せた」のか、「伝来の薙刀で数人を薙ぎ倒した」のか、違いはあるが、おおむね似たような書きぶりである。

三　武蔵の二刀流

二天一流についての描写

一般に、二天一流は二刀流であると理解されている。事実、「小倉碑文」のなかには次のようにみえるので、現代語訳で掲げておく。

> （武蔵は）二刀兵法の元祖である。父新免は無二と号し、十手の使い手であった。武蔵は（新免無二の）家業（十手術）を受けつぎ、朝夕研鑽をつみ、思惟考索して灼《あきらか》に知った、十手の利は一刀に倍し、甚だもって夥《おびただ》しいことを。しかしながら、十手は日常の武器ではない、二刀は（常に）腰にさしているものである。そこで二刀をもって十手のように使いこなせば、その徳は違い無かろうと（考えた）。故に十手を改めて二刀の使い手となった。

林羅山の二天一流観

さらに、林羅山が書いた武蔵像の賛も、現代語訳で次に掲げる。

> 剣客新免武蔵玄信は、一手ごとに一刀を持ち、二刀流と称した。その撃つ所や突き刺すところは、縦横無尽おもいのままで、打ちかかればすぐに打ち砕き、攻めかかれば必ず破った。一刀は二刀には勝てないと言うことである。これは嘘でもなく幻でもない。

武蔵は二刀流か

これらを読むと、武蔵はまさに二刀流一辺倒にみえるし、熊本市島田美術館蔵の宮本武蔵肖像などからも、武蔵といえば二刀流である。しかし、はたしてそうであったか。『五輪書』「地の巻」には次のようにみえる。

太刀を片手で取り習わせるため二刀を使う

一　この一流を二刀と名付けること。二刀と言いだすのは、武士は、武将も兵卒もともに直に腰に二刀を着ける役だからである。……この二刀の利（道理）を理解させるために二刀一流というのである。……わが一流では、初心者が太刀・刀を両手に持って稽古するのは事実である。（戦いで）一命を捨てるときには、持てる武器を遺さず役に立てたいものである。武器を役に立てず、腰に納めたまま死ぬのは不本意であろう。しかしながら、両手にもの（武器）を持つことは、左右ともに自由にはなりにくい。太刀を片手で取り習わせるため（二刀を持たせるの）である。鑓・長刀などの大道具は仕方がないが、刀・脇差はいずれも片手で持つ武器である。太刀を両手で持つとよくないのは、馬上や、駆け走るときなどである。また、沼、湿田、石原、険しい道、人混みなどでもよくない。左手に弓や鑓を持ち、そのほか何れの武器を持っていても、みな片手で太刀を使うことになるで、両手で太刀を構えるのは実の道ではない。もし片手で打ち殺しにくいときは、両手でも打ちとめればよい。手間のいることではない。まず、片手で太刀を振り習わせるために、二刀にして、太刀を片手で振り覚えさせるのである。だれでも初めて取りかかるときは、太刀は重くて振り回しにくいものだが、何ごとも初めてのときは、弓も引きにくく、長刀も振りにくいものである。何れもその道具に慣れてくれれば、弓も力強くなり、太刀も振り慣れればその力がついて、振りやすくなるものである。……太刀は広いところで振り、脇差は狭いところで振ることは、まず道（兵法）の本義である。この一流では、長い太刀でも勝ち、短い脇差でも勝つことが目的であるので、太刀の寸法は定めない。何れによっても勝ちを得るという精神が、わが一流の道である。太刀を一つ持つよりも二つ持つのがよいところは、大勢を相手に一人で戦うとき、また立て籠もった者に対するなどのときよいことがある。……

実戦では一刀か

このように、かならずしも二刀流にこだわったわけではないことがわかる。「地の巻」最後の方に「太刀を一つ持つよりも二つ持つのがよいところは、大勢を相手に一人で戦うとき、また立て籠もった者に対するなどのときよいことがある」とあり、「水の巻」中の「多敵の位のこと」にも一人で大勢を相手にするとき大刀・脇差を使うことに触れているだけである。同様のことは「小倉碑文」の岩流（巌流）との戦いでも「岩流は三尺の白刃を手にして来て、命を顧みず術を尽くした。武蔵は木刃の一撃をもってこれを殺した」とあり、二刀を使ったかどうかわからないが木刀一振りで戦ったような印象を受ける。

また、夏の陣における武蔵の活躍を書き残した『黄耈雑録』には、先述のとおり、「どこかの橋の上で大木刀を持って雑兵を左右へなぎ倒した様子が見事であったと人々が誉めていた」とあり、ここ（「多敵の位」）でも一振りの大木刀を使ったようである。このほかにも武蔵が実際に二刀流で戦ったという確かな記録はない。

二刀流の意味

つまり、『五輪書』「地の巻」に明らかなように、武蔵は両手を自由に使えるようにするため、また大小二刀を余すところなく使えるように二刀を使って鍛錬することを説いているのである。合理主義的な考え方から二刀流を説いているが、それゆえにまた、二刀に限定した考えはなかったといえる。

武蔵と刀以外の武器

さらに、「小倉碑文」によれば、武蔵は幼少期に新免無二から十手術を受け継ぎ、その利を知って、二刀に移し替えたことになる。しかし、『五輪書』では弓・槍・長刀などには触れても、十手のことにはまったく触れていないので、無二が十手の使い手であったとしても、武蔵が十手術をどの程度修得したのかについては不明としなければならない。ついでながら、近年、二刀流は武蔵以前からあって、武蔵の創始ではないとする説も出されている。

宮本無二とは誰か

なお、世に慶長年間の日付が書かれた「宮本無二之助」「宮本無二斎藤原一真」「宮本无二助藤原一真」（いずれも同一人物の名乗りとみられる）が発行した古武道の「当理流目録」があるが、この「無二」が武蔵の養父「新免無二」であったかといえば、武蔵の養父はあくまでも「新免無二」であって、「宮本無二」を名乗ったという根拠はない。「小倉碑文」も「泊神社棟札」も、武蔵の養父は「新免」としていて、武蔵はその養子となった後に宮本と改姓しているので、「新免無二」が「宮本無二」と名乗ることは考えられず、「宮本無二」は「新免無二」とは、まったくの別人ではあるまいか。もちろん武蔵は、兵法者としては「新免氏」を名乗ったようだが（後述）、「宮本無二」と名乗ったという史料はない。

結局、当面は「宮本無二」は、新免無二および宮本武蔵のいずれでもない、とみなければならないが、大変紛らわしい名乗りではある。

四　武蔵の鉄炮観

いまひとつ、武蔵の兵法観における鉄炮の意味について触れておく必要があろう。武蔵の兵法の核心は剣術であったが、折りに触れ、他の武具の扱いにも習熟することを勧

めている。しかし、鉄炮の打ち方（砲術）にはまったく触れていない。「地の巻」の一か条「兵法に武具之利を知と云事」には、

……城郭之内にしてハ、鉄炮にしく事なし。野相などにても、合戦の始らぬうちにハ其利多し。戦はしまりてハ不足なるへし。弓の一の徳ハ、はなつ矢人の目にみえてよし。鉄炮の玉ハ目にミへさる所不足也。……

と書いている。鉄炮すなわち当時の火縄銃でも、武蔵はその威力は十分知ったうえで、弓の徳に劣るような見方をしている。弓矢に比べて鉄炮の弾は目に見えないところが不足だということは、弾の詰め替えに手間取るからなどということではなく、「雑兵」の鉄炮隊が放つ火縄銃の一斉射撃は、誰が放った弾がどの敵を倒したのか確認できないからのようである。弓は誰の放った矢か確認できる点で鉄炮より優れている、とみているようである。つまり、鉄炮では「誰の手柄か」を確認できないというところが不足だというのであろう。このあたりに戦乱の世を生き抜いてきた武蔵の「戦功観」が垣間見えるようである。また、自身にしても、雑兵が放った流れ弾に当たって死にたくはないといった武士としての誇りもあったろう。

おもうに武蔵は、鉄炮が弓矢・長刀・槍・刀といった従来の武具より優れている点は

十分知りながらも、心の奥底ではそれを認めたくないといった感情を持っていたのではないか。武蔵は時代の大きな動きを感じながらも、戦国時代的な戦功観を捨てきれなかったのではないかとおもわれる。むしろ軍を指揮する「大分の兵法」からすれば、鉄炮の活用こそ時代の潮流であったろう。鉄炮は雑兵の道具といった差別感もあったのかもしれないが、旧来の武具、すなわち「弓箭」「刀剣」への執着こそが武蔵の兵法観の特徴であり、またその限界でもあったというべきであろう。

第三　壮年期

一　姫路・明石における武蔵の動向

夏の陣後の姫路・明石の情勢

青年期から壮年期における武蔵の動向は、『五輪書《ごりんのしょ》』や「小倉碑文」には記されていないが、大坂の陣後はしばらく故郷の播磨地方、とくに姫路や明石にいたらしい。ここで、その間の状況を概観してみよう。

大坂の陣の後、徳川幕府は西国支配の安定を図るため、元和《げんな》三年（一六一七）、姫路に譜代大名の本多《ほんだ》忠政《ただまさ》を伊勢から、明石に松本から小笠原忠政《おがさわらただまさ》（のち忠真《ただざね》と改名）を配した。

三木之助の殉死

武蔵の養子三木之助は、この本多忠政の嫡男・忠刻《ただとき》に児小姓のときから仕え、七〇〇石を下され、近習をつとめた。本多家に仕えるようになったのは、忠刻が姫路に移った元和三年か同四年頃とみられている。このとき、弟の九郎太郎（二代目三木之助）も、同時に武蔵の養子として本多家に仕えている。残念なことに、三木之助は寛永《かんえい》三年（一六二六）、忠刻死去のときに二十三歳の若さで殉死した。

こうした状況をみると、武蔵は、元和三年から寛永三年まで（一六一七～一六二六）の間、姫路の本多家にかかわったことが想像されるが、また次にみるように、明石の小笠原家ともかかわった。

元和三年、明石に配された小笠原忠政（忠真）は、本多忠政の娘婿という間柄であった。そして小笠原忠政は、翌元和四年から、将軍・徳川秀忠の命によって新たに明石城を築くことになった。小笠原忠政が最初に入った明石の船上《ふなげ》城は、元和元年の一国一城令によって大半が破却されていたため、一〇万石の譜代大名にふさわしく、かつ西国の変動に備えるための新城の築城であった。

明石城下の町割り造園

このとき秀忠は、その計画段階から軍略に優れた本多忠政に支援させ、普請（土木）奉行に都築為政《つづきためまさ》・村上吉正《むらかみよしまさ》・建部政長《たけべまさなが》を、作事（建築）奉行に小堀遠州《こぼりえんしゅう》をあたらせたという。明石城は元和六年に竣工したが、城下の町割り（都市計画）や「樹木屋敷」（城主の遊興所で、茶室・庭園・蹴鞠の懸りなどがあった）の造営には、宮本武蔵があたったという（『播州明石記録』『小笠原忠真一代覚書』）。

さらに武蔵は、本松寺（明石市上ノ丸）や善楽寺円珠院（同大観町）、および福聚院（神戸市西区櫨谷町）などの作庭をしたと伝えられる。

以上のように、武蔵は本多家や小笠原家とかかわり、とくに明石に大きな足跡を残した。

播州での弟子

一方、兵法では、姫路や龍野に武蔵の弟子がいたといい、龍野には武蔵流の兵法「円明流」という流派が伝えられてきた。龍野五万石には、元和三年、本多忠刻の弟政朝《まさとも》が配され、寛永三年からは小笠原忠政（忠真）の甥・長次《ながつぐ》が配されるなどの関係があり、この間の弟子には、武蔵の肖像画を描かせ林羅山に賛を請うた石川左京《いしかわさきょう》がいた。

なおこの頃のこととして、名古屋には、武者修行中の武蔵が寛永七年から三年ほど滞在したなどの伝承がある。興味深い伝承で、一部真実を含んでいるのだろうが、史料的裏づけはない。

武蔵の文事

ところで、武蔵が武芸以外の文事を身につけたのはいつか。もちろん、いわゆる武者修行の時代にも書画などをたしなむ機会はあったであろうが、それを深めたのは元和～寛永期、つまり姫路～明石～小倉時代にかけてのことではなかったかとおもわれる。将軍でいえば家光の時代、幕府の力が安定し、やっと平和な時代を迎えた頃ではなかったか。武蔵も書画をはじめとする諸芸に耽ることができたのではないかとおもわれる。年代の指標となるものはないが、林羅山ら学者・文人との交遊も、自由な時間を得たこの時期に、江戸や上方においてのことではなかったろうか。

二　武蔵の養子

武蔵と三人の養子

武蔵は大坂の陣の後、姫路や明石にいて本多家や小笠原家とかかわりをもち、その間二人（実は三人）の養子をもった。武蔵の養子に、三木之助と伊織があったことはよく知られている。その間の具体的な経緯を示す史料は少ないものの、おおまかな粗筋としてはすでによく知られている。

1　三木之助

三木之助との縁

三木之助は、水野勝成の家臣・伊勢出身の中川志摩之助の三男であった。武蔵との出会いは、大坂の陣で武蔵が水野軍に属し、勝成の息子・勝俊の身辺（護衛）について出陣したことが縁となったとみられている。

三木之助についての史料

ただし、このとき武蔵と中川志摩之助および三木之助とに、どのようなかかわりがあったかを示す史料はない。のち岡山池田藩に仕えた宮本小兵衛（三木之助の甥）が藩に提出した『宮本小兵衛先祖附』（元禄《げんろく》九年〔一六九六〕）を現代語訳で掲げるが、そこには、

一、養祖父宮本三木之助は、中川志摩之助の息子でした。私のためには実の伯父にあたります。宮本武蔵と申す者の養子になり、児小姓のころ本多中務（忠刻）様に仕え、知行七百石を下され、御近習に召仕われました。（忠刻様から）九曜巴を家紋にせよ、と仰せられたので唯今もつけています。本多家の御替え御紋と承っております。圓泰院（忠刻）様が、寛永三年〔一六二六〕寅年五月七日に御卒去のみぎり、（初七日に当たる）同十三日、二十三歳にて殉死いたしました。

一、私の父宮本九郎太郎は、三木之助の弟です。この者も圓泰院（忠刻）様に、児小姓として召仕われました。兄三木之助が殉死して、実子がありませんでしたので、九郎太郎に跡式を相違なく相続するよう、美濃守（忠政）様より仰せつけられ、名も三木之助を襲名いたしました。天樹院（忠刻室・千姫）様が播州より江戸へ御下向なされたとき、美濃守様が御供をなされました。その節、三木之助も御供いたしました。天樹院様から美濃守様への仰せで、道中の御旅館において御目見え仰せつけられました。甲斐守（政朝）様の御代、番頭に仰せつけられ、内記（政勝）様の御代

に和州（大和国）郡山において、寛永十九年（一六四二）中年九月に病死しました。……とみえる。つまり、三木之助は水野勝成配下の中川志摩之助の息子（三男）で、武蔵の養子となり、児小姓のときから姫路藩主の本多忠刻に仕え、七〇〇石を下され、近習をつとめたこと、家紋として忠刻の替え紋・九曜巴紋を許されたことがわかる。また、本多家に仕えるようになったのは、忠刻が姫路に移った元和三（一六一七）から同四年頃とみられている。

三木之助殉死

残念なことに、三木之助は寛永三年（一六二六）、忠刻死去のときに二十三歳の若さで殉死した。墓は書写山円教寺（兵庫県姫路市）の本多忠刻の墓塔の後ろに建てられ、さらにその後ろには、三木之助を介錯して殉死した宮田覚兵衛の墓が建てられている。三木之助の墓には、次のように刻まれている。

宮本三木之助　　宮本武蔵ノ養子

忠刻卒スルト墓前ニ於テ切腹　伊勢ノ生レデ武蔵ノ養子　当時二十三

其辞世ニ

思わずも雲井のよそに隔りし　えにしあればや供に行く道

立田山峯の紅葉に誘われて　谷の紅葉も今ぞ散りたり

以上のように、三木之助が忠刻（一五九六〜一六二六）に仕えたのは、十四、五歳から二十三歳までの十年足らずのことで、早すぎる死であった。

三木之助と兵法

なお、三木之助が武蔵流の兵法を学んだかどうかについては、記録も伝承もない。三木之助が忠刻に殉死したのち、弟の九郎太郎は、三木之助を襲名・遺領を相続し、忠刻の父・忠政（一五七四〜一六三一）に仕えた。その後、甲斐守政朝（一五九九〜一六三八）、内記政勝（一六一四〜一六七一）に仕え、寛永十六年（一六三九）、本多内記正勝の大和郡山への転封に従い、寛永十九年、同地で病死した。

さらに、三木之助の子孫についてだが、嫡男弁之助が跡を継いだものの、明暦二年（一六五六）に若死にして断絶。二男小兵衛は、姉とともに南都（奈良）に移住したが、寛文二年（一六六二）、二十一歳のとき、備前岡山藩主池田光政《いけだみつまさ》に召し出された。その後、嫡子小三郎は岡山藩を退去したという。

石川左京

なお、ここで武蔵と姫路本多藩とのかかわりを考えるうえで興味を引くのが、『羅山文集』巻四十七にみえる林羅山の「新免玄信像賛」である。別項で詳述するが、この賛は題名下の割註にみえるように、石川左京が羅山に依頼したもので、左京は本多甲斐守政朝の家臣である。左京についてはよくわからないが、石川左京の名がみえる「本多甲斐守政朝書状」があり、その内容および閏十月十九日という日付から、寛永八年（一六三一）のものとわかる。

石川左京との関係

書状の内容は、本多忠政の死去後、政朝らに相違なく相続が認められたことを家老ら重臣に知らせたものである。この書状や「新免玄信像賛」によって、武蔵と石川左京は、まさにこの頃姫路で師弟関係にあったことが想像され、三木之助亡き後も、武蔵は本多家とかかわりをもっていたものとおもわれる。

さらに武蔵肖像の賛は、武蔵歿（一六四五）後のこととみられることから、石川左京は、仲介者・板坂卜斎《いたさかぼくさい》の歿年の明暦元年（一六五五）頃まで生存していたことがうかがえる。

2 伊織

武蔵と伊織の関係

武蔵の養子としては、伊織の方がよく知られている。

伊織の子孫・小倉宮本家に伝えられた「宮本家系図」によれば、既述のとおり、赤松氏の庶流・田原家貞《たはらいえさだ》には長男久光と二男の玄信（武蔵）があり、久光には長男吉久、二男貞次《さだつぐ》（伊織）など五人の男子があった。そして武蔵は甥の伊織を養子にしたことになっている。伊織について、読み下しで次に掲げると、

宮本家系図における伊織

> 一代目。宮本伊織。貞次。実は田原久光の二男。母は小原《おはら》上野守源信利の女《むすめ》。慶長十七壬子（一六一二）十月廿一日播州印南郡米堕邑《よねだむら》に生まる。寛永三丙寅（一六二六）播州明石において（小笠原）忠真公の御近習に仕え奉る、時に十五歳。寛永八辛未（一六三一）執政職、廿歳。同九壬申（一六三二）公に従ひ豊前小倉に移り、此において采地二千五百石。同十五戊寅（一六三八）二月公に従ひ肥州有馬浦に出陣、時に侍大将。此の時廿六歳、惣軍奉行を兼ぬ。伝に曰く、城攻の日筑州太守黒田忠之公、忠真公の御陣営において、貞次を召出され、此度の働き御褒詞の上、御指料《さしりよう》の御刀備前宗吉これを賜はる。同年肥州御帰陣の上、御加恩千五百石、都合四千石を領す。慶安三庚寅（一六五〇）公に従ひ肥後熊本に往く。寛文七丁未（一六六七）公に従ひ肥州長崎に往く。同年三月廿五日（小笠原）忠雄《ただかつ》公御家督御礼の節、貞次将軍家綱公へ拝謁。延宝六戊午（一六七八）三月廿八日小倉において卒す、享年六十七。法名は慈海院忠巌紹徳。室は作州津山城主森美作守家士中村氏女。元禄七甲戌（一六九四）正月十三日卒、法名は本浄院妙清日如。

とみえる。しかし、この「宮本家系図」自体が弘化二年（一八四五）になって編纂されたもので、記述内容に問題があることは、既述したとおりである。

「泊神社棟札銘」

ついで、伊織が故郷の播州印南郡米堕邑（現兵庫県加古川市加古川町木村）の泊《とまり》神社と天満宮を再興したときの棟札銘《むなふだ》がある。長文の漢文なので、以下「泊神社棟札銘」の本文の読み下しのみを掲げる。

余の祖先は人王六十二代　村上天皇第七王子具平親王《ともひら》より流伝して赤松氏に出づ。高祖刑部大夫持貞に迨《いた》り時運振はず。故にその顕氏を避け田原と改称し、播州印南郡河南庄米堕邑に居し、子孫世々ここに産す。曽祖は左京大夫貞光と曰ひ、祖考（祖父）は家貞と曰ひ、先考（父）は久光と曰ふ。貞光より来《このかた》則ち相継で小寺《こでら》（黒田氏）に属し、其の甲《コウ》（第一）の麾下たり。故に筑前に子孫今に在るを見る。作州の顕氏に神免なる者有り、天正の間嗣無くして筑前秋月城に卒す。遺を受け家を承《つ》ぐは武蔵掾玄信と曰ひ、後氏を宮本に改む。亦子無くして以て余を義子と為す。故に余今其氏を称す。余 比《このころ》結髪。元和の間、信州生小笠原右近大夫源忠政、播州明石に主たりしに仕え、今又豊の小倉に従ふ也。然るに木村・加古川・……総べて十七邑の氏神は、泊大明神と号し奉る。……近歳二社共に殆ど頽朽す。余一族と深く之を嗟《なげ》く。故に一には君主の家運栄久を祈り奉り、一には父祖世々の先志を慰めんと欲す。而して謹で家兄田原吉久、舎弟小原玄昌、及び田原正久らに告げて、匠事を幹《つかさどら》せしむ。而して今已に新に二社を得たり。……其の玄昌、小原を以て氏と為すは、摂州有馬郡小原城主・上野守源信利、其嗣信忠余の母一人を生じ、而して男無く、天正の間、播州三木城主中川右衛門大夫麾下に属し、高麗に到り戦死す。故に母命じて、玄昌に其の氏を継がせしむと云ふ。

時に承応二癸巳暦五月日。　宮本伊織源貞次謹白（謹みて白《まを》す）。

伊織については、以上のように赤松氏庶流・田原氏であるというが、「泊神社棟札」からは、武蔵と伊織が叔父・甥の関係にはなかったかのようにもみえる。

藤原姓と源姓

なお、武蔵は「新免武蔵守藤原玄信」と藤原姓を名乗ったのに、養子となった伊織が「宮本伊織源貞次」と源姓を記したのは、祖先とする赤松氏が源姓であり、氏神社の棟札銘ゆえに、あえて源姓を使ったのであろうか。

『播磨鑑』

ところで、直接資料ではないが、武蔵と伊織の関係を記すものに、先述の『播磨《はりま》鑑《かがみ》』がある。武蔵と伊織について、この書は以下のように記しており、現代語訳でみておく。

宮本武蔵は、揖東《いっとう》郡 鵤《いかるが》の辺宮本村の産である。……（あるとき）明石に到って、小笠原右近将監侯（忠真）に謁見して、その時に伊織を養子として、後に小笠原侯が豊前小倉に転封されたとき、同伴した。（その後）養子伊織は五千石を賜って、大老職に仕官した。今もその子孫は三千石にて家老職を勤めているという。この宮本武蔵の伝は、佐用郡平福の住・風水翁の説とは相違があるが、このことは別書にこれを記す。

宮本伊織は、印南郡米田村の産である。宮本武蔵が、養子とした。旧跡の部に委しく記す。

伊織を養子とした時期

さて、ここでは伊織を養子とした時期が問題となる。「宮本家系図」によれば、伊織については、「寛永三（一六二六）丙寅播州明石において忠真公の御近習に仕え奉る、時に十五歳」とあり、小笠原家に出仕した時期は寛永三年（一六二六）とされるが、武蔵の養子となった時期は書かれていない。

一方、「泊神社棟札」には、

余比《このころ》結髪。元和の間、信州生小笠原右近大夫源忠政、播州明石に主たりしに仕え、今又豊の小倉に従ふ也。

とある。これによれば、小笠原忠政に仕えたのは寛永三年より早い元和年間ともとれるが、時期は明確でない。

伊織との血縁の有無

また、『播磨鑑』の記載は、武蔵は、小笠原家で「もともと血縁関係になかった」伊織と初めて出会ったかのような書きぶりである。「宮本家系図」（寛永三年出仕）と「泊神社棟札」（元和年間出仕か）、および『播磨鑑』（武蔵とは血縁有無不明）の記載には、微妙なずれがあり、その年次などについては、いずれが正しいか決しがたい。

伊織を養子としたのは寛永三年か

　以上のように、武蔵の出自や伊織との血縁関係については、いずれとも決定するに足る積極的根拠に欠ける。察するに、伊織は元和末年頃から田原久光の子として小笠原家の児小姓に出仕していたが、寛永三年五月、三木之助が亡くなった後に、武蔵の養子となったのではあるまいか。

三　小倉移封

　寛永九年（一六三二）五月、熊本の加藤忠広が改易となり、同年十二月、肥後熊本には小倉から細川忠利《ほそかわただとし》が入国し、小倉には明石から小笠原忠真が入った。武蔵も、養子伊織とともに小倉に移ったとみられるが、小倉時代の武蔵についてはほとんど知られていない。唯一知られるのは「島原の乱」（有馬陣）参陣である。その折りに、武蔵は有馬《ありま》直純《なおずみ》宛ての書状を残している（後述）。

四　有馬陣（島原の乱）参陣

有馬陣は、武蔵の晩年に近い頃（武蔵五十五歳）のことである。『寛政重修諸家譜』《かんせいちょうしゅうしょかふ》によれば、寛永十五年（一六三八）正月十五日、小倉藩主・小笠原忠真は、水野《みずの》日向守勝成《かつなり》とともに「一紙の奉書」（将軍の命令書）を賜り、松平大隅守（島津）光久《みつひさ》、同右衛門佐（黒田）光之《みつゆき》、同丹後守重直《しげなお》、有馬左衛門佐直純、小笠原信濃守長次《ながつぐ》（小笠原忠真の甥）らと後備に列した。武蔵も養子伊織とともに有馬陣に出陣した。

小笠原長次

このとき武蔵は、小笠原忠真の依頼で、忠真の甥・小笠原長次の後見として出陣している。そして、武蔵は前線にいて「手先」（部下）にいろいろと命令をしていたことがうかがえる。このときは、小笠原長次の後見役として出陣したというので、「手先」は長次の配下の者とおもわれるが、ともかくも、二天一流兵法の「大分の兵法」を、若年の長次に指南しながら命令を出していたものとみられる。そして、この島原の乱が「大分の兵法」の唯一の実践例ではなかったか。しかし残念なことに、その内容は具体的に知るすべがない。『五輪書』中にも「大分の兵法」に触れた個所はあるが、抽象的で具体性に乏しく、結局その内容はよくわからない。

伊織の出陣

また、先にみた「宮本家系図」によれば、伊織は、小笠原忠真に従って「肥州有馬浦」（原城）に出陣。そのときは侍大将兼惣軍奉行であった。このとき伊織は二十六歳であった。また、城攻の日、筑州太守黒田忠之は、忠真公の御陣営に貞次（伊織）を召し出され、このたびの働きを御褒めのうえ御指料の刀「備前宗吉」を賜ったと伝え、同年帰陣のうえ御加恩一五〇〇石を賜り、都合四〇〇〇石を領するようになったという。

小倉時代の武蔵の動向が確かめられるのはこの一件だけであるが、熊本に行き最初に長岡佐渡守興長《おきなが》に宛てた書状（後述）から、島原在陣中に長岡佐渡守から音信（贈り物）を受けたことが知られ、それ以前から交流があったこと、乱後、武蔵は江戸や上方にいたことがうかがえる。

有馬直純宛て書状

寛永十四年十月、島原の乱が勃発した。そのとき、武蔵は有馬直純に宛てて書状（吉川英治記念館蔵）をしたためている。この書状は、宮本武蔵の自筆書状として早くから知られる数少ない史料の一つである。書状の体裁をとっているが、実は島原の乱における一種の戦功証明書で「拵《かせぎ》の証状」と呼ばれるものである。

島原の乱は、寛永十四年十月二十五日頃、松倉勝家《まつくらかついえ》領・肥前国島原と同国唐津寺沢堅《てらさわかた》

高《たか》領・肥後国天草の領民が連帯して蜂起したキリシタン一揆である。同年十二月頃までに島原の原城に立て籠った一揆軍の数は、二万七七五四とも推定されている。十二月五日、上使および諸藩兵が島原に到着。翌寛永十五年元旦、幕府の上使板倉重昌《いたくらしげまさ》は、佐賀・久留米・柳川・島原藩に命じて二度目の総攻撃をかけたが大敗した（重昌も戦死）。正月四日に着陣した上使松平信綱《まつだいらのぶつな》は、九州の諸大名を動員し、オランダ商館の参戦砲撃などによって一揆軍を食料攻めにして、二月二十八・二十九日に総攻撃をかけてこれを殲滅した。有馬直純宛ての武蔵の書状は、まさにこの総攻撃直後に書かれたものである。

益田《ますだ》（天草《あまくさ》）四郎時貞《しろうときさだ》を盟主にして

有馬直純

有馬直純（天正十四年〜寛永十八年〈一五八六〜一六四一〉）は、幼名を大吉といい、有馬晴信《はるのぶ》の二男として肥前国有馬に生まれた。幼少時にキリシタンの洗礼を受けていたが、幕府の禁教令に従い棄教。妻はキリシタン大名として知られる小西行長《こにしゆきなが》の姪であった。慶長五年（一六〇〇）の関ヶ原のときには小西行長の水俣《みなまた》城を攻め、同十五年（一六一〇）に駿府に至り、家康の養女（本多美濃守忠政女）国姫を配せられ、正室を離別した。同十七年、父晴信が甲斐に流された後、有馬領を賜った。ついでキリシタン禁圧の厳命を受け、取締りに力を尽くし、従わないものを処刑した。同十九年、日向国県《あがた》（延岡）五万三〇〇〇石の藩主に

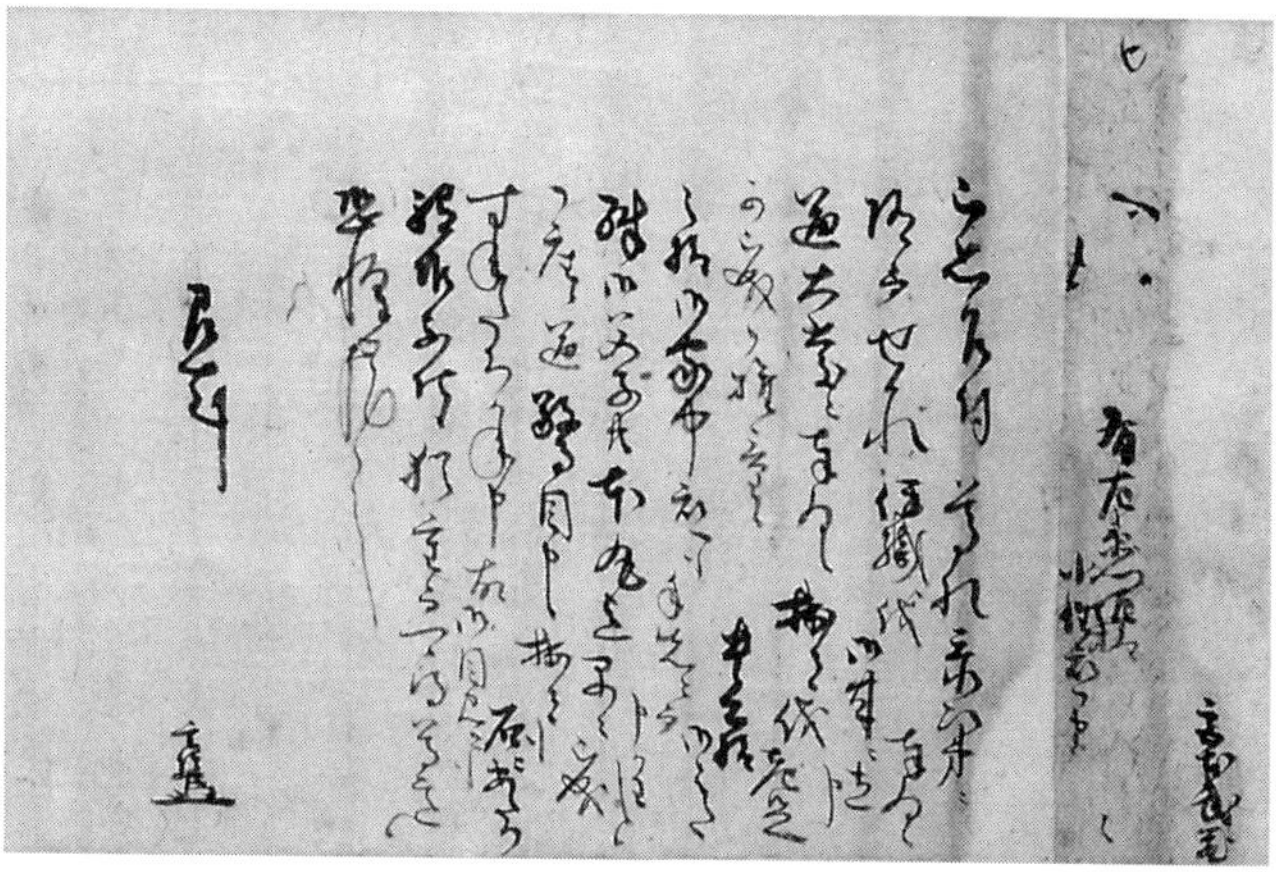

宮本武蔵書状（吉川英治記念館提供）

任ぜられたが、家臣の多くは従わず、旧領に留まったという。大坂冬の陣では東軍に属し、天草・島原の乱では（寛永十五年二月）松平伊豆守信綱に従って旧家臣や領民を攻め、功があった。寛永十八年（一六四一）四月二十五日、大坂にて歿した。享年五十六。

書状の内容を現代語訳でみてみよう。

〔私のことを〕おもいつきいただき、お手紙忝《かたじけな》く存じます。さて、倅伊織〔の戦功〕がお耳に立ちましたこと、大変よろこばしく存じています。私の方は老足のほど御推量ください。貴公様の仰せのように、御家中衆へも私の手先から〔互いの戦功の証人となるように〕約束いたしました。ことに貴方様父子（有馬直純・康純《やすずみ》）ともに、本丸まで早々に〔攻め上られ〕たことには驚きました。私も〔攻め上りましたが、一揆軍の投げた〕石に当たり、足が立たなくなりましたので〔上使松平信綱様の〕御目見えにも伺候しませんでした。では、重ねて御意を得たいと存じます。即刻ご返事まで。

玄信〔花押〕

石に当たり負傷

有馬陣における武蔵の動向

文面のとおり、有馬直純・康純父子が、城攻めのとき早々に本丸まで攻め上ったことを、武蔵が見届けたことを暗に証明したものである。それは文中の「御家中衆へも私の手先から〔互いの戦功の証人となるように〕約束いたしました」というところにも見えている。さらに「拙者も石ニあたりすねたちかね申」と負傷したことを述べ、「〔上使松平信綱様の〕御目見えにも伺候しませんでした」と、ことわりを入れている。また、「私の方は老足のほど御推量ください」とあるのは、一揆軍の投石に遭う前からすでに足を痛めていたことを想像させる。

書状の意図

なお、「私も〔攻め上りましたが、一揆軍の投げた〕石に当たり、足が立たなくなりましたので〔上使松平信綱様の〕御目見えにも伺候しませんでした。……」という部分は、たんに武蔵が年をとり足が不自由で不覚をとったということではなく、暗に「武蔵自身が前線に出たこと」、すなわち勇敢に戦いの場に臨んだということをも主張しているとみてよいだろう。

第四　晩　年

一　熊本における武蔵

少年期、青年期、壮年期と、さまざまに描かれてきた武蔵像だが、これまでみてきたように、実は確かなことはわずかで、武蔵の実像がよくわかるのは、晩年の熊本時代（五年足らず）に集中する。

長岡佐渡守興長宛て武蔵の書状

その最初の史料は、平成六年（一九九四）に熊本県八代《やつしろ》市で確認された、武蔵の長岡佐渡守興長《おきなが》宛て書状である（旧松井家家臣竹田家に伝来）。長岡（松井）佐渡守興長（天正《てんしょう》十年〜寛文《かんぶん》元年〔一五八二〜一六六一〕）は、早くから武蔵と細川家をつなぐ重要人物として知られてきた人物である。書状の内容に入る前に、その略歴をみておこう。

長岡興長

長岡興長は天正十年、松井《まつい》康之《やすゆき》の二男として丹後国久美《くみ》城に生まれた（武蔵とほぼ同年代）。母は細川藤孝《ほそかわふじたか》（幽斎《ゆうさい》）の養女（実は沼田上野介光長女で、藤孝室光寿院の姪）。幼名は松井吉松、新太郎と称した。文禄《ぶんろく》三年（一五九四）、細川忠興《ただおき》の一字を賜り、新太郎興長と改めた。文禄四年（一五九五）の豊臣秀次事件で、細川忠興が秀吉から不審をかけられたとき、興長の父康之が危難を救い、恩義と交誼を感じた細川忠興より、松井家との親縁を絶えさせないためにと、興長の嫁に二女古保《こほ》を娶らせ、化粧田一〇〇〇石が付与された。

慶長五年（一六〇〇）七月、興長は長岡（細川家一門）の称号を許され、式部少輔と改めた。

長岡（松井）興長像（松井文庫蔵）

慶長十七年、父松井康之の遺領二万五〇〇〇石を拝領し、杵築《きつき》に在城した。なお、これより先の文禄二年八月、兄興之《おきゆき》は朝鮮出陣の疵がもとで肥前名護屋にて十八歳で歿していた。元和《げんな》二年（一六一六）、一国一城制により杵築城が廃され、小倉城下に移った。寛永《かんえい》七年（一六三〇）冬、佐渡守と改める。同九年十二月、細川忠利《ただとし》に従って肥後入国のうえ、五〇〇〇石加増され、都合三万石を領した。同十五年正月、島原の乱には養子の寄之《よりゆき》（細川忠利の末弟）とともに、一五五〇人を率いて出陣。正保《しょうほう》三年（一六四六）五月、（前年十二月の細川三斎〈忠興〉歿後を受けて）八代城守衛に任ぜられ、同年八月十三日八代城に入り、以来代々八代に居城した。寛文元年（一六六一）六月二十八日、熊本城内の屋敷にて八十歳で歿した。法名は智海院松雲宗閑。

島原の乱のとき音信を送る

さて、武蔵の長岡佐渡守興長宛て書状の本文の内容を現代語訳でみてみよう。

一筆申し上げます。有馬陳〔陣〕（島原の乱）の折りには御使者を寄越され、殊に御音信（贈り物）など御気遣いいただき、過分の極みと存じております。私はその後江戸や上方におりましたが、今こちらに参っておりますのは御不審におもわれることでしょう。少しばかり用事がありましたのでやって参りました。逗留いたしますので祗候いたしたいとおもいます。恐惶謹言、

七月十八日　　　　　　　玄信（花押）

この書状に年紀はないが、藩主細川忠利の居場所、寛永十七年（一六四〇）八月十三日の「細川藩奉書」の記載やその注記などから、寛永十七年のものと判断される。内容は文面のとおりで、熊本にやってきた武蔵が、旧知の細川藩家老・長岡佐渡守興長に、「熊本に逗留するので挨拶に伺いたい」と連絡をつけたものである。

『武公伝』や『二天記』にみえる「坂崎内膳宛て口上書」が実在したものとすれば、武蔵は江戸で細川忠利からの勧誘をうけて熊本に来て、さっそく挨拶に及んだということになるが、実否は不明である。

江戸・上方

それはともかく「有馬陳（島原の乱）の折りには、……私はその後江戸や上方におりましたが、……」というので、この間は江戸や大坂にいたことがわかり、小倉時代には家老（宮本伊織）の養父としてかなり自由に動き回っていたことが想像される。かくて武蔵は熊本にやってきたが、その動機については明らかでない。

二　細川藩の処遇

さて、武蔵が細川藩から最初に合力米《ごうりきまい》を遣わされた史料「細川藩奉書」がある。「奉書」というのは、貴人の仰せを配下の者が奉《うけ》て伝達する文書のことである。この場合は、藩主細川忠利や光尚《みつなお》の側近が、藩主の意を受けて奉行らへ伝達したもので、奉行所ではこれを受けて命令を実行するほか、これを記録し、冊子に製本して保管してきた。また、花押《かおう》や印の押された原物は「御印物《ごいんもつ》」とも呼ばれ、糊づけされ、巻子《かんす》状にして保管されている。いずれも財団法人永青文庫《えいせいぶんこ》蔵で熊本大学附属図書館に寄託されている。

さっそく内容を現代語訳でみてみよう。

細川藩奉書

奉書（寛永十七年八月十三日）

七人扶持十八石

一　宮本武蔵に七人扶持・合力米十八石遣わすことにしたので、寛永十七年八月六日より永く渡すように。

寛永十七年八月十二日　御印

奉行中

右の御印（の捺された奉書）は、長岡佐渡守（興長）殿から勘定奉行・阿部主殿《とのも》を介して（藩主忠利に）お願いされ、持ち下されたものである。「右の御印（の捺された奉書）は武蔵には見せず、御扶持方には合力米の渡し方まで（失礼にならないように）よく理解させよ」と仰せがあったと、阿部主殿のところから佐渡守殿へ奉書を渡されたと、佐渡守殿が仰せられた。

長岡佐渡守の奔走

この「奉書」の内容は、七月十八日付けの「武蔵書状」（八代市立博物館蔵）を受け取った長岡佐渡守がさっそく武蔵と面会し、正式に藩主忠利の決裁を受け、合力米を渡すようになったことを示している。また、原文には「永可相渡者也（永く相渡すべきものなり）」とあり、「武蔵に終生合力米を渡すように」との意味と解される。

長岡佐渡守の気遣い

「七人扶持・合力米拾八石」というのは、とりあえずこれだけであるが、これが武蔵に対して失礼ではないかと考え、渡し方まで注意したものとみられる。この間の遣り取りを記した奉行所の注記（右の御印は……）に、忠利と佐渡守の気遣いがにじんでいる。「御印」原本にはこの注記がなく、忠利が阿部主殿を介して口頭で佐渡守に伝えたことがわかり、さらに、その御印を筆頭家老の佐渡守が自ら奉行所に持参したとみられるからである。

次にみる三つの奉書は、武蔵と藩主忠利の親密なかかわりを示す資料である。現代語訳で紹介する。

山鹿の御茶屋への招待

奉書（寛永十七年十月二十三日）

一　足利道鑑《あしかがどうかん》様と宮本武蔵を（新築なった）山鹿《やまが》（の御茶屋）へ招待されることになったので、（熊本から山鹿までの道中の）人馬（付き人や馬）・味噌・塩・炭・薪にいたるまで念を入れて賄うようにとの御意である。以上。

この「奉書」は、藩主忠利が温泉地山鹿（熊本県山鹿市）に新築した御茶屋（温泉付き別荘）へ、室町幕府十三代将軍義輝《よしてる》の御落胤・足利道鑑と武蔵の二人を招待したときのものである。このとき忠利は腫物《はれもの》ができて山鹿で湯治をし、鷹狩や川漁をして過ごしていたが（『綿考輯録《めんこうしゅうろく》』）、道鑑と武蔵をそこへ招待したのである。「熊本から山鹿までの道中の人馬・味噌・塩・炭・薪にいたるまで念を入れて賄うように」という、その折の気遣いはひととおりではない。それは、主に高齢の道鑑（七十六歳）への気遣いであったとみられるが、武蔵も相伴《しょうばん》に招かれたのである。

足利道鑑

足利道鑑は室町幕府十三代将軍義輝の遺児で、はじめ尾池玄蕃《おいけげんば》と称した。義輝が三好長慶《みよしながよし》の謀反により、京都二条の御所で自害した年（永禄《えいろく》八年〈一五六五〉）、江州朽木谷《くつきだに》で出生した。曲折の後、讃岐にいたのを、寛永十三年（一六三六）、細川忠利が探しだして細川家に迎えることになった。

『綿考輯録』は、肥後熊本藩主細川氏の家史で、七十三巻から成り、安永《あんえい》七年（一七七八）の成立である。細川家ではたんに『御家譜』と称す。この記事は、巻五十二（第七巻「忠利公下」）にみえる。

細川忠利が足利道鑑を迎えた理由

なお、忠利が道鑑（玄蕃）を探しだして細川家に迎えたのは、道鑑が室町時代に細川家の主家であった足利氏の末裔であったことに加えて、近世細川家の初代藤孝（幽斎）が足利義晴の御落胤であったと伝えられることや、義輝（はじめ義藤、藤孝はこの一字を賜って名乗ったもの）に仕えていたこととかかわるものであろう。また、道鑑の子孫は「西山」を名乗るが、「西山家先祖附」に道鑑、（西山）左京、（同）勘十郎らは、寛永十八年正月二日御城で格別に座着御礼を申し上げ、三御盃を頂戴したことがみえる。

合力米三百石

奉書（寛永十七年十二月五日）

一　宮本武蔵に米三百石を遣わすので、長岡佐渡守の指図にしたがって渡すように。

以上。

これは、同年八月十三日の条にみえる「七人扶持合力米拾八石」が当座のためであったため改めて三〇〇石としたのか、年末の一時的な措置であったのか、文面だけからは不明だが、この後は毎年三〇〇石遣わされているので、このときから武蔵は合力米三〇〇石に確定しているとみてよい。ただ、この三〇〇石が俗にいうような「現米」であったかどうかは不明である。

細川忠利の死

この翌年（寛永十八年〔一六四一〕）三月十七日、細川忠利は熊本で病歿するが、「奉書」寛永十八年九月二十六日の条には、三〇〇石遣わすとの記事がみえ、藩主が光尚に代わってもこの石高は変わらなかった。また、「長岡佐渡守の指図にしたがって」というので、武蔵の処遇に、佐渡守がことのほか深くかかわっていたことがうかがえる。さらに、次に現代語訳で掲げる寛永十九年十一月八日の条には興味深い注記がある。

奉書（寛永十九年十一月八日）

（前略）

宮本武蔵に米三百石遣わすので、相渡すように。

寛永拾九年十一月八日御印

奉行中

宮本武蔵には、御米を遣わされるとき、御合力米と申さず、唯《ただ》堪忍分の御合力米として遣わされるとのことを申し渡すようにと、七郎衛門はうけたまわった。

堪忍分の合力米

ここに、「唯堪忍分の御合力米」とあるところに注意したい。堪忍分というのは、役をつとめなくてもよい給付分で、幼少の者、隠居、婦女、客分などに給する禄という意味である。武蔵にはまさに客分として遣わされているのである。武蔵は「家臣としての役目や兵役などの義務を要しない客分」であったのである。

同じく全文の内容から寛永二十年のものと推定される次の書状にも、武蔵への気遣いがみられる。これは細川光尚が、江戸から国許《くにもと》の家老長岡佐渡守と沢村宇右衛門に宛てた書状で、現代語訳にして掲げることにする。

細川光尚書状（松井文庫蔵）

一　宮本武蔵に例年のように合力米を相渡すように。ただし、既定どおりに遣わすようにしてはいけないと、去年、奉行の者共に申し渡してあるので、今年もそれについて申し遣わすこと（念を押すように）。

以上のように、藩主忠利の場合は具体的に書かれていないが、忠利のときと同じく武蔵を客人として遇したことが「奉書」や書状の文面から汲みとることができよう。

三　武蔵の名乗り

『綿考輯録』巻第五十二にも、細川家における武蔵の処遇の一端をうかがえる記事があるので、現代語訳でみておこう。

『綿考輯録』巻第五十二（寛永十八年正月）

一　二日、御礼帳の通り次第々々に並び居り、御通りくだされたことは元日の御鉄炮頭とおなじであった。道鑑老公方義輝公御落胤之由・西山左京道鑑子・同勘十郎左京子・同山三郎勘十郎弟、後八郎兵衛と云、今の西山先祖なり、左京・勘十郎ハ御家を御断申、京に被相越候由・新免武蔵剣術者也・源次郎不詳、追而可考・春田又左衛門具足下地師、子孫今に御知行被下、奈良に居申候などは奥書院で御祝いなされた。さて表へ御出なられて、昼過ぎに御花畑屋敷に御下がり、晩に御謡初めの御囃子二番が過ぎて、みなに御肴を給わるようにとの御意にて、御老中・人持《ひともち》衆・御小姓衆・御側・御物頭《おものがしら》衆が五人・三人と罷り出て御酒を給った。

この記事は、寛永十八年（一六四一）正月二日、藩主忠利が元旦に引き続き、家臣などから年頭の祝賀を受けたことを記したもので、元旦の記事からみて、これは熊本城本丸御殿で行なわれたものとわかる。そして、ここに列挙された面々は、格別に奥書院で饗応にあずかったのである。これは家臣にとってはたいへん名誉なことであったとみえ、「西山家先祖附」に次のように記されている。

西山左京・勘十郎

　道鑑・左京・勘十郎・二男八郎兵衛は、御城においても格別に座着御礼を申し上げ、三御盃の御祝を下され、その後夫々《それぞれ》御盃を頂戴させられた。

春田又佐衛門

具足下地師春田又左衛門（四代・正定）は、先代（三代・清延）の死去にともない、跡目相続願いのために参上していたときであった（同年、跡目相続が許されている）。春田又左衛門正定（?～一六六八）と武蔵がどのようなかかわりがあったかは不明だが、細川藩における処遇の参考になるかもしれないので、簡単に触れておきたい。

春田家は、中世から近世にかけて、奈良を本拠地に栄えた甲冑鍛冶師で、慶長年間に細川三斎（忠興）に仕えた初代又左衛門宗栄《むねよし》から十三代安太郎まで、代々細川藩から知行一〇〇石を与えられた。ここに挙げた又左衛門は四代正定で、熊本市の島田美術館に、寛永二十一年（一六四四）十二月二十四日付けの細川藩士・奥田藤左衛門からの「具足注文」が所蔵されている。藩主だけでなく、藩士からの注文にも応えていたものとみられる。寛文八年（一六六八）十二月三日歿。武蔵は、『独行道《どっこうどう》』に「兵具は各別、余の道具を嗜まず」と書いているくらいであるので、この前後に又左衛門と話を交わすくらいのことはあったかもしれないが、記録も伝承もない。

さて、ここで「新免武蔵」とあり、割注で「剣術者也」と書かれていることに注意したい。『綿考輯録』は安永七年（一七七八）に成立したものなので、この記事が武蔵在世時の呼称であったかどうかは確定できないが、『五輪書』序文や奥書に「新免武蔵守藤原玄信」、「新免武蔵守玄信」とみえ、あるいは「小倉碑文」に「新免武蔵玄信二天居士」、「新免之後裔武蔵玄信」とあり、さらに林羅山の武蔵像賛の題名が「新免玄信像賛」となっていることなどとあわせ考えると、武蔵の武家としての名字は、書状や奉書にみえる「宮本」で、武芸者・兵法家としての名乗りは「新免」と区別されていたようにみえる。養子となった三木之助や伊織が、新免ではなく宮本姓であったのは、兵法家としての武蔵の養子ではなかったことを物語っているようにもみえる。

とすると、たとえば円明流兵法書『兵道鏡』の奥書に「宮本武蔵守義軽（又は「義経」）」などとあるのは疑わしく、その他「宮本武蔵守……」という奥書のある兵法書は問題があると考えなければならないだろう。

四　細川忠利の死去

武蔵を熊本に迎え、厚遇した細川忠利（一五八六〜一六四一）は、武蔵が熊本へ来た後、一年足らずのうちに亡くなった。享年五十五。

柳生宗矩

細川忠利は、柳生宗矩《やぎゅうむねのり》に柳生新陰流を学び、寛永十四年（一六三七）に「兵法家伝書」を与えられるなど、諸大名の中ではことのほか武芸に熱心なことで知られていた。小倉時代には、柳生流の雲林院《うじい》弥四郎（一五八一〜一六六九）に指南を受けたといい、寛永五年（一六二八）には砂金、その他を与えている（「日帳」寛永五年四月十九日の条）。

雲林院弥四郎

また雲林院弥四郎は、細川家の肥後国移封ののち、寛永十年（一六三三）に熊本へ来て忠利の側に仕えたという。寛永十三年八月五日、忠利は八代《やつしろ》の細川三斎（忠興）のもとへ弥四郎を派遣し、その腕に三斎が感心した旨の書状が忠利のもとへ発せられている。弥四郎は熊本に来てから、藩士に新陰流を指南したが、忠利の仕官の勧めには応じず、城下の新町に居住したという。なお、雲林院弥四郎は、武蔵と秘密の御前試合をしたとも伝えられるが、確かな記録はない。

武蔵が熊本に来たのは、そうした武芸好きの忠利の招請に応じたものともみられるが、あまりにも早い別れであったといわなければならない。忠利の死去後も武蔵が熊本にとどまったのは、先にみたように次の藩主光尚も変わらず厚遇したこと、家老長岡佐渡守興長や、同式部少輔寄之父子らとの親密な交友があったためとみられる。

五　武蔵の病気と死去

細川忠利死去より三年後、武蔵は畢生の著『二天一流兵法書』（五輪書）の執筆に取りかかった。同書の序文によれば、

兵法之道二天一流と号し、数年鍛練之事、始て書物に顕さむと思、時寛永二拾年十月上旬之比《ころ》、九州肥後之地岩戸山に上り、天を拝し、観音を礼し、仏前に向、生国幡磨《播磨》之武士新免武蔵守藤原玄信、年つもりて六拾……

とあり、寛永二十年（一六四三）の十月がその開始時期とみられる。そして正保二年（一六四五）五月に亡くなるまで執筆に取りくんだが、病気のこともあって完成はしなかったようである。

武蔵屋敷

一般には、武蔵は『五輪書』を、この「岩戸山」すなわち霊巌洞《れいがんどう》で執筆したように考えられている。しかし、序文には、執筆にあたり決意を新たにするため岩戸山に登ったことしか書かれていない。旧暦十月の寒冷の中、病身の武蔵がここに籠って執筆をつづけたとは考えられない。執筆の場所は、現熊本市西区河内《かわち》町の鑪水《たたらみず》近くにあったという「武蔵屋敷」であろう。

さて、武蔵の病気については、養子伊織と長岡式部少輔寄之との往復書状（書状案）からその状況をうかがい知ることができる。

長岡式部

長岡式部少輔寄之（元和三年～寛文六年（一六一七～六六））は、細川忠興（三斎）の六男として元和三年四月三日に生まれ、同七年六月、長岡佐渡守興長の養子となった。幼名岩千代。式部少輔、式部、佐渡と名乗った。寛永七年（一六三〇）十月、前髪をとり式部と改称。実名は、吉之・興之・寄之と改めた。

長岡寄之は、寛永十四年（一六三七）の天草・有馬の陣では、上使の命によって留守人数を天草に差向けられたとき、上下七〇〇人を召し連れ、十二月三日に三角浦《みすみうら》より出船、天草を平定して帰陣。ついで翌年正月、忠利の嗣子光尚の有馬出陣のとき、先手をうけたまわって有馬へ渡海、三月二日に帰陣した。同十六年春、家老役を仰せ付けられ、加増三〇〇〇俵を拝領した。正保《しょうほう》三年（一六四六）八月、父興長が預かっていた大組（番頭を指揮し、侍を掌握する役）をも預かり、合力米二〇〇〇俵を加増され（都合五〇〇〇俵）、熊本屋敷居住を命ぜられた。寛文元年（一六六一）七月、興長の病死にともない即日相続、閏八月八代入城。同六年（一六六六）正月六日歿、享年五十。法名要津院瑞巌英奇。妻は長岡右馬助重政女。細川家四代光尚死去の際五代綱利の遺領相続に尽力した。

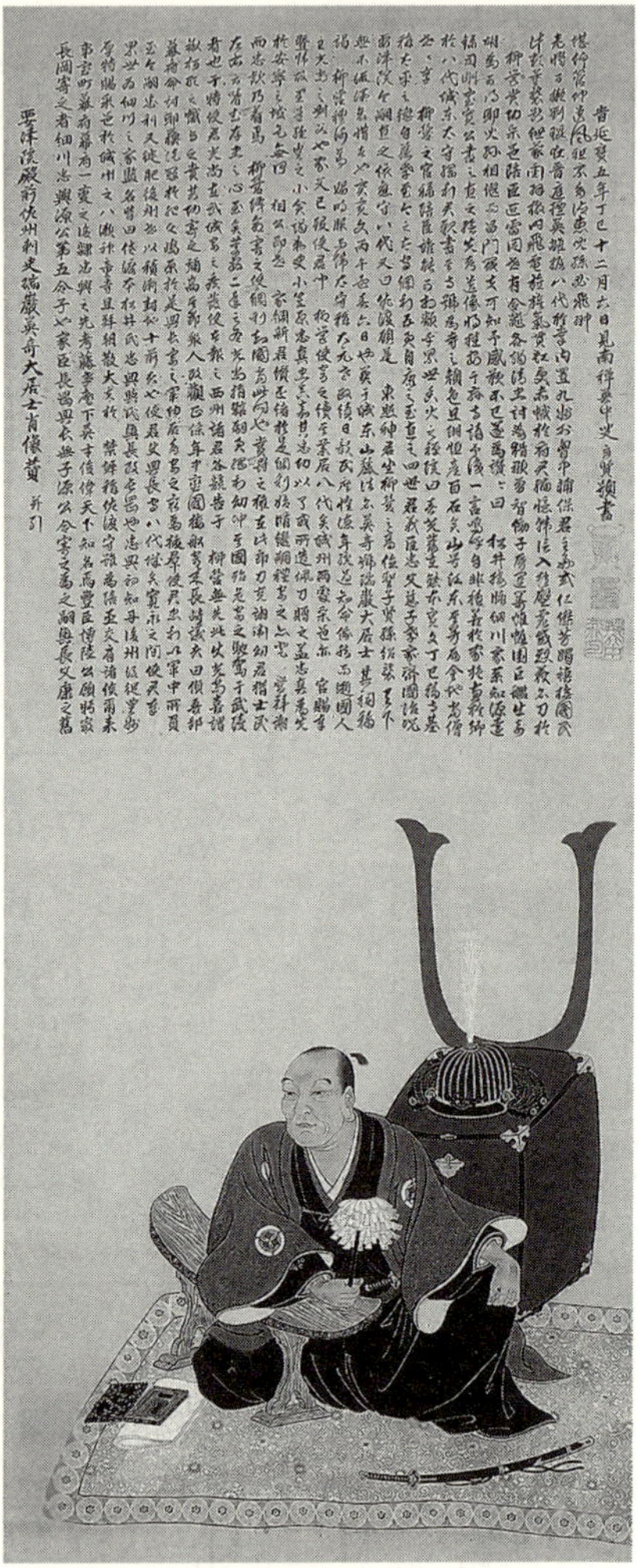

松井寄之像（松井文庫蔵）

武蔵発病

伊織が武蔵の病について長岡式部少輔寄之に送った書状を、現代語訳で次に掲げる。

宮本伊織書状（正保元年十一月十五日　松井文庫蔵）

初めてお便り申し上げます。さて、同名（宮本）武蔵が発病いたしましてから、養生の様子や色々とお情をかけていただいていることを承り、ありがたさは申し上げようもございません。私もすぐに出かけて御礼なども申し上げたく存じますが、やむを得ない事情があり、おもうようにならず本意に背き辛くおもっています。武蔵のことは、常々御懇意にしていただいていると承っておりますので、慮外ながら、これからもよろしく養生の御指図、御頼み申し上げます。恐惶謹言。

宮本伊織（花押）

（正保元年）十一月十五日

長岡式部少輔殿

貴報

光尚の気遣い

次に見るのがこの書状に対する返書の案文である。案文のため推敲があるものを、整理して現代語訳で掲げる。

長岡式部少輔寄之書状案（正保元年）十一月十八日　松井文庫蔵）

仰せのように未だ御意を得ずにおりましたところに、お便りをいただきありがたく拝見いたしました。御同名（宮本）武蔵殿は、熊本より程《ほど》近い在郷へ御引込んでおられましたところ、病気になられましたので（藩主光尚は）医者も遣し、薬も服用されて養生しておられました。しかし、はっきりした回復の兆しも見えませんので、在郷では万事養生のことも不自由なので、熊本へ出られて養生された方がよいと、佐渡守（興長）と拙者（寄之）両人方より申し遣しましたが、同心されませんでした。肥後守（光尚）も殊《こと》の外《ほか》親身になって申され、医者なども度々《たびたび》遣わされ、色々養生させられて、在郷にては養生について指図しにくいと、度々（熊本へ）出られるように申されましたので、一昨日熊本へお出になりました。このうえは養生のことはさらにお世話し、油断のないように指図いたしますし、肥後（光尚）も親身におもっており、医者なども付け置かれますのでご安心ください。気色はお変わりなく、このところは変わったこともございません。貴方様も御見舞いしたくとも儘ならないことは、御尤もとおもいます。養生のことは、しっかりとお世話いたしますので、御気遣いはいりません。私は武蔵殿がこちらへ参られた時から、とくに親しくお話しいたしておりますので、このようなときこそいよいよ疎略にはいたしません。佐渡守は申すまでもなく、前々より久しくお付き合いいたしており、ひとしおほかならぬこととおもい、肝煎り（お世話）申す様子でございます。どうぞご安心ください。ではまたのお便りをお待ちします。恐惶謹言。

なお、貴方様のことは内々お聞きしておりましたので、お便りでも差し上げたいと存じていましたが、なにかとうち過ごし、かようなお知らせとなってしまいました。今後は互いに御意を得たいと存じます。

書状の書かれた時期

この書状と書状案には年紀が欠けている（普通、書状には月日のみ記される）ので、まず年次を確認する必要があるが、長岡式部書状案から藩主光尚が熊本にいることがうかがえ、正保元年のことと判断される。この前後、つまり寛永二十年から正保二年（武蔵の歿年）までの間に、十一月は寛永二十年と正保元年の二回あるが、光尚が熊本にいたのは、正保元年五月三十日から正保二年二月十五日の間だけであり、寛永二十年十一月には熊本にはいなかった。これによって武蔵の発病の時期を知ることができるのである。

病の悪化

つまり、病気がちであった武蔵は、寛永二十年十月、『兵法書』執筆のため「在郷」に引きこもったが、ほぼ一年後の十一月に病状が悪化したのである。この間の藩主光尚、長岡佐渡守・同式部少輔父子の武蔵に対する気遣いは行間にあふれている。合力米の渡しようにまで気遣ったように、細川藩が武蔵を厚遇していることは明らかというべきであろう。

武蔵屋敷の位置

なお、ここにみえる「在郷」は、現熊本市河内町船津の鑪水の近くにあった「武蔵屋敷」とみられ、武蔵が『兵法書』を執筆したのは霊巌洞ではない。残念ながら、現在「武蔵屋敷」の跡を知る人はない。筆者は、まだ武蔵について関心がない頃、故花岡興輝氏に教えられたことがあり、最近二度現地を訪れたが、よくわからなかった。

武蔵の死

さらに、伊織と長岡監物との往復書状から、武蔵の死と葬儀などの状況がうかがえる。

長岡監物

長岡監物是季《あきすえ》（天正十四年〜万治元年〈一五八六〜一六五八〉）は、米田《こめだ》与七郎監物と称し、細川家一門格の長岡姓を賜り、はじめ細川藤孝に仕えた。慶長十二年（一六〇七）細川家を退去し、同十九年（一六一四）豊臣秀頼の招きにより大坂入城。元和九年（一六二三）春、細川家に帰参、二〇〇〇石。寛永二年（一六二五）、加増四五〇〇石、家老職となる。同十一年（一六三四）、加増三五〇〇石、都合一万石となった。万治《まんじ》元年（一六五八）正月八日歿、享年七十三。法名雲祥院仁勇紹寛。殉死六人。熊本市東坪井見性寺に葬られた。

長岡監物是季が、武蔵歿後の葬儀・法事に参列したことや、墓所などについて積極的なかかわりがあったことがうかがえる書状を、現代語訳でみていこう。

武蔵の葬儀

宮本伊織書状写（長岡監物宛て　正保二年五月二十七日　宮本信男氏蔵）

一筆啓上いたします。去る廿三日、私は帰りましてすぐに貴方様からのお便りを拝見いたしました。このたび同名（宮本）武蔵が病気をいたし、肥後守（光尚）様より寺《てら》尾《お》求馬助《もとめのすけ》殿を付け置かせられ、養生を仰せ付けられましたが、定業《じょうごう》ゆえに、その甲斐なく相果てましてのち、葬儀・三日目の御法事ならびに墓所のことまで、御念入りに仰せ付けられましたこと、誠にもって冥加《みょうが》の至りとありがたく存じます。武蔵の病中（藩主光尚様には）御見舞いただき、葬儀の砌《みぎり》、野辺の送りには御名代を遣わされ、ならびに法事の節は、御香奠まで御意にかけられ、そのうえ御焼香のため御寺まで御出なられたとのこと、諸事御念を入れられ忝《かたじけな》く存じております。御礼のため先《ま》ず飛札《ひさつ》（急ぎの手紙）を差し上げます。なお、これからも貴方様の御意を得たいと存じます。

この書状に対する長岡監物の返書は次のとおりである（現代語訳）。

長岡（米田）監物（是季）書状写（正保二年閏五月二日　宮本信男氏蔵）

御手紙拝見いたしました。仰せのように、この度、武蔵殿の御病中は、肥後守（光尚）所より寺尾求馬と申す者を付け置かれ、養生させられましたが、その甲斐なく御果になられ残念でございます。武蔵殿の病中・死去の以後のことまで、色々お礼を仰せられ、御慇懃なお手紙ありがとうございました。きっとこれから（江戸にいる藩主光尚のところへ、貴方様からお礼がありましたことを）申し入れます。

また、右の書状のやり取りの後、伊織は心ばかりの品を届けている。

伊織書状の中の大渕玄弘

宮本伊織書状写（長岡監物宛て　正保二年閏五月二十九日　宮本信男氏蔵）

一筆啓上いたします。さて、肥後守（光尚）様には、同名（宮本）武蔵の病中・死後まで、寺尾求馬助殿をお付け置きなされ、泰勝院において大渕玄弘《だいえんげんこう》和尚様に葬儀・法事以下執り行なっていただき、墓所まで結構に仰せ付けられましたことは、武蔵一身の冥加に叶い、私までもありがたく存じております。このことは恐れながら、江戸の岩間六兵衛方へ、書状をもって申し上げました。慮外ながら、貴方様からもしかるべく仰ってくださいませ。書中の印ばかりですが、胡桃一箱ならびに鰹節一箱弐百入をお贈りいたします。

これに対する礼状は次のとおりである。

長岡監物書状写（宮本伊織宛て　正保二年六月五日　宮本信男氏蔵）

御使札にあずかり、拝見いたしました。さて、武蔵殿の病中、肥後守（光尚）の所より寺尾求馬と申す者を付け置き申し、御死去以後のことも申し付けられた状況につき、（貴方様から）御念をいれられ仰せ越されました紙面の趣は、肥後守所へ申し遣わします。また、胡桃一箱・鰹節弐百入など御気遣いいただき、遠路お心入れのことありがたく存じます。ではまたのお便りをお待ちします。

是季が葬儀を仕切った理由

長岡監物是季が武蔵の葬儀・法事などを取り仕切ったのは、これより先寛永十七年（一六四〇）夏に下国した藩主忠利が、家老たちの勤め方について改革し、長岡佐渡守興長・有吉《ありよし》頼母《たのも》英貴《ひでたか》・長岡監物是季の三人には、大年寄と称して他国のことを掌り、長岡式部少輔寄之・長岡（米田）与七郎是長《あきなが》・沢村宇右衛門友好《ともよし》の三人には、若年寄と称して国内のことを統括するように、と命じたことによるものとおもわれる。

武蔵は、小倉小笠原藩家老・宮本伊織の養父であるため、他国にかかわることとして、長岡監物是季が葬儀などを取り仕切り、伊織との連絡を取り合ったのであろう。なお、長岡是季と是長父子はいずれも監物を名乗り紛らわしいが、是長が監物を名乗るのは万治元年（一六五八）以降のことなので、この場合は是季である。

光向の思い

ところで、武蔵の葬儀の三月前、藩主光尚は正保二年（一六四五）二月十五日に熊本を発ち、三月十六日に江戸に着いていた。このため葬儀には名代まで立てられたのだが、武蔵の葬儀が、近世細川家初代幽斎の菩提所泰勝院で、住持大淵玄弘を導師として執り行なわれたことは注意すべきであろう。光尚は熊本を発つとき、武蔵の死が近いことを知っていて、葬儀の段取りまで命じていたとおもわれるからである。光尚は、先代忠利と同様、あるいはそれ以上に武蔵を厚遇していたことが察せられる。

武蔵の葬儀の導師をつとめた大淵玄弘（天正十六年～承応二年〔一五八八～一六五三〕）は、天正十六年、伊勢員部《いなべ》郡大泉の田能村氏の子として生まれた。十歳の頃相継いで父母を喪い、麻《お》生田《うだ》萬笑院に投じ文華玄郁《ぶんかげんいく》和尚のもとで仏門に入った。その後、梁南禅棟《りようなんぜんとう》をはじめ諸方に巡歴し、大華宗仭《たいかそうじん》の室を叩き、琢堂宗圭《たくどうそうけい》の法を嗣いだ。寛永初めの頃、大和法隆寺止宿中、片桐孝利《かたぎりたかとし》（且元《かつとも》の子、大和国龍田藩主）に会う。片桐孝利は、大和国龍田に顕孝寺を創り、迎えてこれに居ることを請い、また寛永二年（一六二五）朝廷に賜紫《しし》・方袍《ほうほう》を請うた。この間、大淵は法隆寺の玄俊《げんしゅん》について律を修めた。寛永十三年（一六三六）秋、妙心寺入寺（百三十九世）。同年十二月、大燈国師三百年忌にあたり香語《こうご》を作った。翌年七月に退去（顕孝寺に帰った）。同十五年（一六三八）八月、片桐孝利が病歿し、後継ぎなく多くの領地が没収されたため、顕孝寺を去り、備州の国清寺に仮住まいをした。藩主池田光政は、崇敬常ならず別に寺を建てて師を迎えようとしたが、黄疾（老病カ）を憂いて固辞した。また、

大淵玄弘と光尚

武蔵の墓とされる武蔵塚

同年秋、後《ご》水尾《みずのお》天皇が諸山の名徳に十画の賛詞を詔されたとき、二首の詩を作ってそれに応じた。明年春に上京し、御医者にあい、獲病が癒えた。

建仁寺三江紹益《さんこうじょうえき》長老・東福寺湘雪守沅《しょうせつしゅげん》西堂の紹介により、細川光尚は大淵玄弘を、祖廟泰勝院に迎えようとしたが、老病の故をもって拒絶した。しかし光尚は、「栄将・楼船を遣わして」招いたので、やむをえず、ついに寛永十九年（一六四二）閏九月（五十五歳）、大淵玄弘は光尚の招請に応じて熊本へ下り、泰勝院の開山となったという。また、光尚は、しばしば泰勝院を訪ね、しきりに屋敷に招いて法を受けたという。正保二年（一六四五）五月十九日、武蔵死去に際しては、泰勝院にて葬送および法事などを執り行なった。承応《じょうおう》二年（一六五三）七月九日寂、六十六歳であった（大淵玄弘行状牌ほか）。

武蔵の病中、藩主光尚が医師や寺尾求馬助を付け置いたことは、長岡式部寄之や長岡監物是季と伊織との往復書状からうかがえるが、さらに、寄之も別に中西孫之丞《なかにしまごのじょう》（生歿年未詳）を付け置いていた。

中西孫之丞

中西家の「先祖附」によると、孫之丞は正保二年五月、武蔵病中、長岡寄之により付け置かれたという。また、孫之丞の肖像画賛によれば、武蔵と同じく播州出身で、赤松氏の末葉（源姓明石氏）という所縁で付け置かれたとみられる。なお、孫之丞は、丹後および豊後杵築以来、長岡（松井）家に遊び（遊客となり）、島原の乱ではその旗下に属して敵の首を獲り、勲功により禄一五〇石を賜り、ついに家臣となったことがわかる。

増田惣兵衛

増田惣兵衛《ますだそうべえ》（元和九〜（一六二三〜））は、増田家「先祖附」によると、初名市之丞、のち惣兵衛といい、寛永十五年（一六三八）に有馬陣へ十六歳で出陣した。武蔵の弟子となり、正保二年五月、武蔵の病中長岡寄之への遺言により、長岡（松井）家に召し出された。武蔵は、弟子惣兵衛の後事を、長岡式部寄之に託して亡くなったのである。時に正保二年五月十九日であった。

第五　武蔵の歿後

一　細川綱利の就封

細川藩における武蔵の晩年は、これまでみてきたように、忠利《ただとし》との別れが早すぎたことや武蔵の病気はともかく、処遇としてはとても恵まれていたとみられる。そうした処遇は、藩主光尚《みつなお》が急逝したときに、細川家を救うことに役立ったようにみえる。

光向急逝

武蔵歿後四年目の慶安《けいあん》二年（一六四九）十二月、病状が悪化した光尚は同月二十六日、三十一歳の若さで急逝した。嫡子六丸（綱利《つなとし》）はわずか七歳であった。このため病中の光尚は、領地を幕府に返上したい旨の遺言状を書き、幕府に願い出ていた。かくて光尚歿後、細川藩は存続がなるかどうかといった危機に直面した。

蜂須賀忠英

しかしこの危機は、江戸にいた長岡式部少輔寄之《よりゆき》や長岡（沼田）勘解由延之《のぶゆき》らの奔走もあって、小笠原忠真《おがさわらただざね》と蜂須賀忠英《はちすかただてる》が六丸の後見役となり、襲封が認められることにな

細川六丸（綱利）襲封

った。蜂須賀忠英については、『寛政重修諸家譜』に「慶安三年六月、細川六丸幼年たるにより、こゝろを副《そふ》べきむねおほせをかうぶる」とみえる。

すなわち、幕府は慶安三年（一六五〇）四月十八日、綱利への遺領相続を認め、五月二十九日、六丸（綱利）は登城して黒印の書状を拝領し、六月二十七日、六丸の守立役徳島藩主松平（蜂須賀）忠英は、六丸の遺領相続を将軍に謝している（『徳川実紀』）。

伊織の書状

この間の小笠原忠真や宮本《みやもと》伊織《いおり》の気遣いを示す書状が松井文庫に所蔵されているので、現代語訳で次に紹介する。

宮本伊織書状（慶安三年六月二十八日　長岡佐渡守興長《おきなが》宛）

廿五日のご丁寧なお手紙拝見いたしました。まずもって御地（熊本）には変わったこともなく、御国中の治安なども万事御油断なく仰せつけられているとの由、（小笠原忠真に）申し聞かせましたところ、とりわけめでたいとのことでした。さて、御同名（長岡）式部少輔寄之殿のことは、お手紙のとおりくわしく小笠原忠真に丁寧に申し聞かせましたところ、「六丸（細川綱利）様の（将軍や幕閣への襲封）御礼が済まない前に、式部殿が（熊本に）御下りになれば、（幕府に対して）なにかと指図がましくなりましょう。貴方様の仰せのように六丸様にはまもなく襲封の御礼を仰せ上げられることになりましょう。そうなれば式部殿は申すに及ばず、勘解由（沼田延之）殿は御下りなられてよいでしょう。佐馬允（長岡是長）殿は御参勤の筈とおもいますが、万一その砌《みぎり》式部殿の御下りが遅れましたならば、阿波（蜂須賀忠英）殿へも申しまいらせますので、そのように御心得ください。少しも御手落ちとおもわれることはありません。右のことは私が心得ておくように」と申されました。

なお、お手紙に仰せ下さいました馬はよくなり、大変喜んでいます。

ちょうどこの日（六月二十八日）には、幕府目付ならびに小笠原忠真が熊本に着いているので、この書状は三日前の長岡興長の書状を見て熊本に着いてすぐに認めたものか。

細川光尚の急逝による細川藩存続の危機は、光尚の伯父でもあった小笠原忠真や宮本伊織の助力だけで回避されたわけではない。が、光尚の武蔵晩年の厚遇に対する伊織の誠意が、このような長岡佐渡守興長《おきなが》への細やかな気遣い溢れる書状の文面となったのであろう。

誠意と気遣い

二　二天一流の継承

武蔵の歿後、熊本の二天一流はどうなったか。

藩主急逝の文化的影響

先述のように、細川家では寛永《かんえい》十八年（一六四一）に忠利が亡くなり、正保《しょうほう》二年（一六四五）十二月に忠利の父三斎《さんさい》（忠興《ただおき》）、慶安二年（一六四九）十二月に光尚が亡くなるという不幸続きであった。新藩主の綱利は幼少のため、しばらく江戸住まいで、最初のお国入りは寛文《かんぶん》元年（一六六一）四月二十八日のことであった。

このため、初代幽斎《ゆうさい》以来続いてきた細川家伝統文化の熊本への定着やその基盤づくりは、大きく沈滞あるいは衰退したようにみえる。武蔵の言う「諸芸諸能」（『五輪書』）は、藩主の趣味に支えられること大だからである。

御用絵師矢野派

細川藩御用絵師の矢野派（雪舟流雲谷派）の場合も、初代吉重《よししげ》（武士身分）の知行一五〇石が、承応《じょうおう》二年（一六五三）閏六月の吉重歿後、二代吉安《よしやす》は五人扶持二〇石の扶持米取《ふちまいどり》となり、三代目の茂安《しげやす》にいたっては武士身分から職人へと格下げになった。もはや狩野派や雪舟流などという絵画についての、趣味・趣向の問題でもなくなったようである。絵師だけでなく芸で身を立ててきた者、武芸者たちも大いに困惑したものとみられる。

寺尾孫之丞と柴任美矩

二天一流の後継者寺尾孫之丞《てらおまごのじょう》に学んだ柴任《しばとう》三左衛門美矩《よしのり》が、承応二年十月二日に一流相伝を受けた後、間もなく（明暦《めいれき》元年〔一六五五〕以前）熊本を出たのは、師孫之丞に対する藩の処遇への不満などもあったのではないかと推察される。藩内には、島原の乱後の論功行賞について、不満などもくすぶっていたらしく、島原の乱に出陣した寺尾孫之丞が牢人のままであったのは、そうしたこともあったらしい。

二天一流の危機

そしてそれは、『五輪書《ごりんのしょ》』の完成と「遺像」（小倉碑文）の建立を託された孫之丞が、「遺像」を熊本ではなく小倉に建てたこととも、かかわりがあるのではないか。おもうに孫之丞は、はじめ「遺像」を、当時二天一流兵法を学ぶ者が多くいる熊本に建てようと考えたのではなかったか。しかし、藩主光尚の死によって、すでに熊本には二天一流を支える基盤は崩壊の危機を迎えたため、やむなく小倉藩の伊織に働きかけたのではないか。

また、それは『五輪書』の善本（たとえば九大本の祖本）が、熊本藩ではなく福岡藩に伝えられたことにも表れているようにおもわれる。孫之丞と柴任は、二天一流の熊本での継承・発展に望みを失い、新天地を求めたのではないか。さいわい、柴任は江戸で福岡藩の吉田実連《よしださねつら》と師弟の関係を結んだため、福岡に二天一流兵法および『五輪書』が伝えられることになったのであろう。

熊本の二天一流はこの後しばらく衰退したとみられ、熊本に伝えられた『五輪書』相伝者たちの経歴「先祖附」には、二天一流を学んだことさえ記されていない。熊本で再び二天一流が盛んになるのは、一世代以上のちのことである。

細川忠利の歿後、跡を継いだ光尚の早すぎる死去が、熊本の地に根付きつつあったさまざまな「芸」（技芸・文化）をいったんリセットさせてしまったようにみえる。

三　〈武蔵伝〉のはじまり――「小倉碑文」

春山玄貞・法雲明洞

武蔵の生涯を語るとき、『五輪書』とならんで重要視されてきた「小倉碑文」について考えてみよう。一般に、碑文の末尾には撰文者や執筆者の名が書かれるが、「小倉碑文」にはそれがない。そのため、かつては熊本泰勝寺の二世春山玄貞《しゅんざんげんてい》（一六一八～七三）撰文説（『二天記』ほか）が主流であったが、近年では小倉福聚寺二世法雲明洞《ほううんみょうどう》和尚（一六三八～一七〇六）の撰文説などもある。いずれも根拠は薄弱。泰勝寺の春山が武蔵葬送の導師を勧めたなどとの伝説は、実はその師大淵玄弘《だいえんげんこう》であったことが明らかとなり、撰文説についても根拠がなく、今日では『二天記』などによる俗説として否定された感がある。

また、福聚寺二世法雲撰文説は、宮本家由緒書などによるものだが、「小倉碑文」が建てられた承応三年（一六五四）には、福聚寺はいまだ存在しないうえに（福聚寺は寛文五年〈一六六五〉創建）、法雲は十七歳であり、いかに早熟であったとしても、こうした撰文を依頼されたとは常識的に考えにくい。

「小倉碑文」撰文の時期

さらに、九州大学蔵『五輪書』「空の巻」奥書に、

……実相円満兵法逝去不絶、是は玄信公碑名（銘）にあらはしおかる、もの也、能々兵の法を可有鍛練也、以上

承応二年十月二日　寺尾孫丞信正　在判

とあることをみると、承応二年十月以前にすでに撰文が済んでいて、寺尾孫之丞は、その内容を知っていたと推察される。そうすると、法雲十六歳以前のことであり、福聚寺創建の十年以上も前のこととなる。

三浦梅園『帰山録』

また近年では、三浦梅園《みうらばいえん》の『帰山録《きざんろく》下』（三浦梅園全集）に、賀来玉淵《かくぎょくえん》（元龍）が碑文の

写しを梅園に示した記事があり、これを根拠に法雲撰文説が主張されている。しかし、いかにももっともらしく見えるこの説も、そこに写されている「碑文」には、活字化する際に生じた誤読・誤植とはおもわれないほどの誤字（旧字や異体字の問題ではない）・脱字などが、なんと数十ヵ所にのぼる。とすると梅園は、法雲が有名になった後、法雲に仮託された粗末な写本を引き写していた可能性大で、これを根拠に議論すること自体、はなはだ問題が多い。結局、碑の撰文者は不明としなければならない。

建碑のいきさつ

さて、碑文の末尾にごく簡単に建碑のいきさつを書いているので、読み下しで次に掲げる。

（武蔵は）肥之後州に於いて卒《シュッ》す。時に自ら天仰実相円満之兵法逝去不絶の字を書し、以て言へり、遺像と為せと。故に孝子碑を立て、以て不朽に伝へ、後人に見せしむ。嗚呼偉なる哉。

孝子の意味

この部分は従来、次のように考えられてきた。

（武蔵は）肥後国において亡くなった。そのとき自ら「天仰実相円満之兵法逝去不絶」の字を書いて、遺像と為せと言われた。故に孝子（私＝伊織。父母の祭祀に子が自ら称する語）は碑を立て不朽に伝えて、後人に見せるのである。嗚呼、（武蔵は）なんと偉いことか。

しかし、この解釈は、原文の読みからすると不自然の感はぬぐえない。率直に解釈すれば、

（武蔵は）肥後国において亡くなった。……故に孝子（孝行息子の伊織）は碑を立て不朽に伝えて、後人に見せるのである。嗚呼、（伊織の行為は）なんと立派なことか。

となろう。つまり孝子＝伊織であることに変わりはないのだが、孝子が普通につかわれる「孝行息子」というような意味で、他者が伊織を尊敬して呼んだ「他称」とみた方が自然である。

建碑の経緯に関する解釈

従来の解釈では、伊織が孝子を「自称」していることになる。しかしながら、文脈からすれば「嗚呼偉哉」は碑を建てた孝子＝伊織の行為を讃えることばである。自身の行為を讃えるというのはありえないので、むりやり「武蔵は偉かった」と解釈してきたようであるが、この解釈にはやはり無理がある。もし孝子が自称であるとすれば、撰文者は伊織、あるいは伊織が自身の建碑行為を讃える文を書かせたことになる。それは大いに不自然である。むしろ、勧められて建碑と碑文の内容を承認した、ということになるのではないか。そして、伊織の建碑までも讃えた人物が、建碑を推進し、撰文に関与し

た人物であるとおもわれ、この碑文の最後の一文は建碑の事情を物語るものではないか。

「敬」と「謹」

また、建碑の日付を銘記した次の部分の「孝子」も、伊織の自称か他称かわかりにくい。

時に承応三甲午年四月十九日、孝子敬《つつし》んで焉《これ》を建つ。

しかし、その前に、

兵法天下無双　播州赤松末流新免武蔵玄信二天居士碑

とあることをみると、伊織が、いかに故人とはいえ自分の養父を讃えて「兵法天下無双」などと大書するであろうか。伊織が一介の武芸者ならいざしらず、小笠原藩の家老であり、礼に悖《もと》る行為とおもわれたであろう。これも第三者の立場であれば「この碑は孝行息子の伊織が敬んで建てた」と言えるのではないか。なお、「敬んで焉を建つ」の「敬」は、写本によっては「謹」が使われているものも見かける（『武公伝』『帰山録下』など）が、碑文には「敬」と書かれていて、それらの写本が碑文を実見せず、なにかを孫引きしたことを示している。

泊神社棟札

また、本文中に「播州の英産赤松末葉新免之後裔武蔵玄信……」とあるのも不審である。これも、伊織が自分の先祖のことを、あからさまに「播州の英産赤松末葉」などと

書くだろうか。たとえば、一年前に伊織がかかわった「泊神社棟札《とまりじんじゃむなふだ》」(承応二年〈一六五三〉)には、

……余(伊織)の祖先は人王六十二代　村上天皇第七王子具平親王より流伝して赤松氏に出づ。高祖刑部大夫持貞に迨《いた》り時運振はず……

とみえるが、ここには「播州の英産赤松末葉」などの語句はない。

兵法家新免武蔵の顕彰

また、ここに「播州赤松末流新免武蔵玄信二天居士碑」と書かれていることにも注意したい。新免の名乗りは武蔵の兵法家としての名乗りで、武家としては宮本を名乗ったとおもわれることからすると、この碑は兵法家新免武蔵を顕彰する碑であって、伊織の養父宮本武蔵を顕彰しているのではないようにみえる。

建碑の真の主導者

さらに、建碑者を「孝子」のみで留め、実名を曖昧にしているが、読者はなんとなく撰文者または撰文の依頼者を、伊織と錯覚してしまう。実はここに仕掛けがある。建碑者伊織を隠れ蓑にして、第三者が建碑や撰文を主導したことを隠しているのである。その第三者こそ、武蔵から「天仰実相円満兵法逝去不絶」の書を遺像とせよと遺言され、『五輪書』草稿を託された寺尾孫之丞に他ならないだろう。

寺尾孫之丞の関与

ここで注意すべきは、このように『五輪書』の完成にも「小倉碑文」の建立にも、寺

尾孫之丞が深くかかわっていることである。九州大学本『五輪書』「空の巻」奥書にみられる一文「是は玄信公碑名《（銘）》にあらはしおかる、もの也」は、なによりもそれを物語っている。従来「小倉碑文」の建立者は、武蔵の養子の宮本伊織と考えられてきた。それは正式な表向きの建立者としては間違いないが、実質上これを伊織に働きかけ推進したのは、「天仰実相円満……」の書を遺像とするよう遺言された孫之丞ではなかったか。伊織は、武蔵の臨終にも葬儀にも立ち会っていないから、建碑のことは、孫之丞らの働きかけがなければありえないのである。

それゆえ碑文の内容は、主に寺尾孫之丞の二天一流兵法後継者としての立場から書かれたのである。もちろん内容については、伊織の意向も反映しているとはおもわれるが、晩年の武蔵に付き随ってきた孫之丞の意志が貫徹されているようにみえる。ただ、実際に誰がその撰文にあたり、筆を執ったかは不明としなければならない。ともあれ、『五輪書』も「小倉碑文」にみられる武蔵の生涯も、孫之丞の手を経て今日に伝えられていることに注意しなければならない。

吉岡一門との決闘を脚色

そうしてみると、「小倉碑文」の内容、特に吉岡一門との決闘などは、『五輪書』の一部を脚色しているにすぎないことも納得されよう。つまり『五輪書』（地の巻）には、「二十一歳になって都に上り、天下の兵法者に逢い数度の勝負を決したけれども、勝利を得ないことはなかった」としか書かれていないのに、史料的にはその実態を確認できない吉岡一門との勝負を、見てきたかのように詳しく書いているのは、脚色というより虚構であることを物語っている。

伊織熊本に赴く

ところで、寺尾孫之丞が伊織に建碑を働きかけたきっかけは、いつであろうか。察するに、細川光尚亡き後、慶安三年（一六五〇）六月二十八日、幼少の綱利就封後の仕置きなどのため、幕府目付ならびに小笠原忠真一行が（上使は翌日）、熊本に着いたときのことであろう。「宮本家系図」には、このとき伊織は「公に従い肥後熊本に往く」とあるので、伊織も熊本にやってきて、武蔵の墓参などもしたとおもわれ、また、この折に孫之丞に会ったものと考えられる。

『五輪書』完成の時期

このように、「小倉碑文」は兵法者武蔵を中心に書かれているとみられるのだが、なぜか『五輪書』執筆のことにはまったく触れられていない。逆に、『五輪書』「空の巻」奥書（承応二年銘）に「碑銘」のことが記されているのは、「小倉碑文」の撰文が、寺尾孫之丞による『五輪書』の整備・完成よりも早かったからではないかとおもわれる。

『五輪書』は、奥書にみえる正保二年（一六四五）五月十二日の日付から、当然そのときには完成していたと考えられそうだが、これは武蔵が死去した五月十九日に先立つ七日前であり、草稿が寺尾孫之丞に託された日付なのである。そして実質的な完成は、「空の巻」奥書にみえる承応二年（一六五三）十月二日近くまでずれ込んでいたかともおもわれる。『五輪書』の存在は、建碑当時は、まだ世に知られていなかったのではなかろうか。

碑文内容の偏り

また、「小倉碑文」撰文の中心人物が孫之丞であったことから、その内容が兵法に偏ったのであろう。今日、我々が知りたいと希っている武蔵の詳しい出自や生い立ち、小笠原家、細川家、松井家などとのかかわりなどについては、一切眼中になかったかのようである。おそらく孫之丞は、当時武蔵とかかわりのあった人物、およびその関係についてもいろいろと知っていたとおもわれるが、このときの孫之丞の頭には、兵法家武蔵を顕彰すること以外になかったのであろう。

武蔵伝のはじまり

そして注意すべきは、すべての武蔵の伝記作りがここから始まったことである。

とくに文中に、「且つ定めて云ふ、敵の眉八字の間を打たずんば、勝を取らずと。毎に其の的を違はず」とあるが、『五輪書』には「何としても勝つ」ということに主眼が置かれていて、「美しく勝つ」などということは書かれていない。寺尾孫之丞は、武蔵の身近にいて事実を知ることのできる立場にあり、また『五輪書』の整備・完成にあたった人物とみられる。にもかかわらず、二天一流の継承者としては、このように書かずにはいられなかったのであろう。

ここに、すでに文飾を越えて、早くも誇張され脚色されていく〈武蔵伝〉が始まっているのである。武蔵を「兵法天下無双」に祀り上げること、これはすなわち二天一流を継承・発展させていこうとする寺尾孫之丞の方便ではなかったか。

孫之丞の文飾・虚構の意図

それはまた、「小倉碑文」の巌流島の決闘についての内容の少なさ、島原の乱の記事が見えないこととも関係しているのではないか。武蔵歿後九年目に建てられた「小倉碑文」は、当時武蔵を知る人が多くいたため、内容に虚飾・虚構はないとみるのが大方の見方である。しかし、この前提は、全体に通用するのかということである。

考えてもみよう。吉岡一門との決闘の場所は京都でのことであり、しかも五〇年ほども前のことである。そのことを知る人は、どれほどいたのであろうか。その内容に多少の脚色や誇張があったとしても、誰がそれを指摘できようか。

また、関ヶ原合戦や大坂の陣は、それぞれ約五〇年、四〇年も前のことであり、武蔵の具体的な手柄話など、すでに人びとの記憶になく、書きようがなかったのではないか。否、大坂の陣の年などは、寺尾孫之丞も養子の伊織もわずか三～四歳頃のことで、二人

巌流島の決闘と島原の乱の記述が少ない理由

にとっては記憶にない遠い昔の話ではなかったか。関ヶ原合戦の時は生まれてもいなかった。そのため、具体的には書きようがなかったのかもしれない。あるいは、武蔵が戦陣でどのような活躍をしたのか詳らかではないが、裏を返せば、取り立てて言うほどの戦功はなかったのかもしれない。それを「海のように大きな口」「渓川のせせらぎのようにとだえることなく語り続ける舌」をもってしても説き尽くせないというのである。つまり、具体性を超越するほどの戦功であったというのであるが、これは文飾である。「海の口」「渓の舌」の表現は、蘇東坡《そとうば》の「投機の偈《げ》」（渓声便是広長舌　山色豈非清浄身　夜来八万四千偈　他日如何挙似人）を踏まえたものとみられ、釈迦の説法（広長舌）をもってしても武蔵の戦功は説き尽くせないというのであるから、文飾も極まれりということになる。

一方、巌流島の決闘は、年代不明（四～五十年も前のこと）ながら、ローカルな船嶋で、無名の岩流に勝っても大した手柄にはならないとおもわれ、当時の寺尾孫之丞からすれば、脚色や誇張した記述は不要であったのであろう。あるいはまた、小倉に近いことでもあり、脚色や誇張はかえって憚られ、さらりと書かれたのかもしれない。

おなじように、島原の乱は、伊織も寺尾孫之丞も出陣し、武蔵は小笠原忠真の甥・長次《ながつぐ》の後見役的な立場で出陣した。自身の個人的武功を立てるような状況にはなかったが、有馬直純《ありまなおずみ》宛ての書状から、最前線にいて一揆軍の投石で足を痛めたことも知られている。しかし、ここには一言も触れられていない。周囲の記憶もまだ新しいことなどから、書き留める必要を感じなかったのか、兵法家武蔵の経歴としては顕彰するに値しなかったのか。

「小倉碑文」の問題点

かくて「小倉碑文」については、その成立事情の問題も浮上し、個々の箇条については、そのまま鵜呑みにしがたいこともわかった。顕彰碑として、美辞麗句を連ねて武蔵の生涯を綴り、賛美することは当然のこととしても、虚飾や虚構も含まれていることは注意すべきである。確かなことは、信頼できる当時の古文書・古記録などの史料的裏づけがないと語れないということである。

寺尾孫之丞の功罪

寺尾孫之丞のこの壮大な仕掛けは一面大成功で、以後、武蔵を英雄にし、今日まで営々と語り継がせ、肥大化させ続けてきたといえる。しかし一方では、武蔵の実像を覆い隠してしまった。我々は、孫之丞の仕掛けた覆いをどこまで剝がすことができたのであろうか。『五輪書』を託され、「小倉碑文」の建立に大きな役割を演じた寺尾孫之丞の伝記も、実は確かな史料で確認されることはごくわずかで、謎の多い人物である。

ただ、ここでひとこと寺尾孫之丞を弁護しておきたい。私は、孫之丞は功利的な目的から「小倉碑文」の建立を企てたのではないとみている。孫之丞にとって「小倉碑文」の建立は、窮余の一策ではなかったか。つまり、武蔵から二天一流の将来を託されたもののの、細川藩は危機的な状況に立ち至り、孫之丞は牢人のままであったため、熊本での二天一流の存続・発展の道は閉ざされたかにみえたのである。起死回生の一手は、武蔵ゆかりの地小倉で伊織の支援を得て、流祖武蔵を「天下無双の兵法者」として広く喧伝し、一方で高弟柴任三左衛門美矩を肥後国外に送り出し、他国に二天一流の正統を伝えることによって、その存続・発展を期したのではないか。孫之丞は「天仰実相円満兵法逝去不絶」を「遺像」とせよという武蔵の遺言を、実直に実行したのではないかと想像している。孫之丞について「寺尾家先祖附」や『綿考輯録』の島原の乱における記事をみても、利に敏いような印象はなく、けっして策士であったようにはおもえないのである。なお、孫之丞が終生牢人のままであったことについては諸伝・諸説があるが、確かなことはわからない。島原の乱の論功行賞にもれたということが真相なのかもしれない。

第六　武蔵の人間像

一　兵法書

これまで武蔵の誕生から歿後までをたどってきたが、さらに武蔵の人間像を探るため、兵法書や書画についてみていこう。まず兵法書からみていくことにする。

数種の兵法書

武蔵の兵法書としては最晩年の『五輪書《ごりんのしょ》』が有名だが、そのほかに『兵道鏡《ひょうどうきょう》』『五方之太刀道』『兵法《ひょうほう》三十九箇条』『兵法三十五箇条』『兵法二十一箇条』なども、武蔵の著作と伝えられてきた。

『五方之太刀道』

そして、『五輪書』は、これらの集大成として書き著されたとの見方が主流である。すなわち『五輪書』に先立つこと四年前「寛永《かんえい》十八年辛巳二月朔日」の奥書《おくがき》をもつ『二刀一流兵法書（兵法三十九箇条）』のほか、『兵法三十五箇条』、『兵法四十二箇条』などがあり、武蔵はこれを敷衍して『五輪書』を執筆し、『五方之太刀道』（熊本県立美術館蔵）はその序文として書いたというわけである。だが、これらには信頼に足る伝本は一つもない。

『五輪書』以外の兵法書における信疑

一方、少数派ながら『五輪書』以外の兵法書は、後世に『五輪書』を換骨奪胎して作られた偽作との説もあった。『五輪書』「地の巻」冒頭に、「兵法の道二天一流と号し数年鍛練の事始て書物に顕さんと思ひ……」とあることからみて、『五輪書』以前に武蔵が別の兵法書を著したというのは、考えられないからである。『兵法三十九箇条』の冒頭にも「兵法二刀の一流数年鍛練仕候処今初筆紙に載申事……」と同じ内容の書き出しがあり、両者の「初(て)」の意味をそのままに解すれば、どちらかは偽物ということになる。

この問題に正面から取り組んだ研究は未見だが、結論的に言えば、『兵法三十九箇条』(および『兵法三十五箇条』など)は、「一流相伝の証」として権威づけるために『五輪書』の「縮刷版」であることを隠蔽し、「寛永十八年二月朔日」の日付や、藩主細川忠《ほそかわただ》利《とし》への献呈本であるといった伝説を作り上げたものとみられる。たとえば、近年発見の『兵法三十九箇条』は、装丁の豪華さから細川藩筆頭家老松井家への呈上本とみる説もあるが、奥書には花押《かおう》や印章がなく、末尾には宛名もなく、松井家にあったのか、どのような経緯で現所蔵者に伝わったかなども不明なままで、とうてい支持できるものではない。

武蔵に仮託して作られた兵法書

また、『兵法三十九箇条』は、寺尾求馬助《てらおもとめのすけ》が作り上げたものとの説もあるが、写本しかなく、原本は確認されていない。私は、『武公伝《ぶこうでん》』や『二天記《にてんき》』を著した豊田家の三代（正剛《まさたけ》・正脩《まさなが》・景英《かげひで》）あたりが、二天一流兵法「相伝書」の必要性から、武蔵や求馬助に仮託して作り出した『五輪書』の縮刷版と考えている。他は、これからさらに派生したものとみている。

円明流《えんめいりゅう》の『兵道鏡』にも原本と呼べるものもなく、これも武蔵に仮託したものと考えられる。もとより武蔵の著作とする説得力のある根拠はない。もし宮本武蔵の作というのであれば、まったく同名異人の作としか言いようがない。

さらに、『五方之太刀道』は、『五輪書』の序文として書かれたものともいい、筆跡はよく似せているが、後に詳述するように、武蔵の真筆ではない。

このほか既述のように「宮本武蔵守……」と奥書のある兵法書や相伝書は、すべて疑わしく、確信を持てるものはない。従来、『五輪書』以外のこれらの兵法書も武蔵の著作だという説が主流であったが、『五輪書』「地の巻」冒頭の「兵法の道二天一流と号し数年鍛練の事始て書物に顕さんと思ひ……」の部分を論理的に克服した論や、それを保証するに足る史料は提示されていない。

1 『五輪書』

『五輪書』については、すでにさまざまな論考や解説が公にされ、現代語訳や外国語への翻訳本も出版されている。しかし、実は『五輪書』原本は焼失したと伝えられ、現存しないと考えられている。このため、宮本武蔵自身の執筆を疑わない論調が主流を占めているとはいえ、少数派ながら武蔵の弟子たちによる捏造説さえある。

そうした問題を解決するには、数ある写本の書誌学的研究や、原本にちかい信頼性の高い写本の捜索は欠かせず、なによりも正確な本文理解のためには必須の手続きといえる。写本の書誌学的研究は、近年、故松延市次氏により労作『校本五輪書』（私家版）にまとめられ、諸本の対校が著しく簡便になった。しかし、そこに収められた諸本はいずれも一長一短があり、さらに書写の実年代や伝来の経緯については不明な点が多い。その後、平成十五年（二〇〇三）、書写の年代や伝来経緯がたどれる九州大学蔵『二天一流兵法書（五輪書）』の存在が確認され、ようやく『五輪書』研究も新しい段階に入った。

九州大学本『五輪書』

九大本の成立

九州大学蔵本（以下「九大本」と略称する）「空の巻」奥書によれば、正保《しょうほう》二年（一六四五）五月十二日、病中の武蔵は、高弟寺尾孫之丞《てらおまごのじょう》に草稿のままの「五巻ノ書」すなわち『五輪書』を託した。その後、孫之丞は承応《じょうおう》二年（一六五三）十月、弟子の柴任三左衛門美矩《しばとうさんざえもんよしのり》にこの写しを授けた。この本自体は確認されていないが、それを写したのが九大本である。

丸大本の形状

九大本は巻子《かんす》状に巻かれているが、表紙・見返し・巻紐・軸木などはなく、天地約二九・五センチ、長さ約五〇センチの鳥子紙を横に継いだだけの簡素なものである。この形状は、立花専太夫峯均《たちばなせんだゆうみねひら》著『兵法大祖武州玄信公伝来《へいほうたいそぶしゅうげんしんこうでんらい》』に、

一　五巻ノ書、草案ノマヽ、ニテ信（寺尾孫之丞）正ニ授ラレシユヘ、軸表紙ナシ、依之、後年相伝之書、其遺風ヲ以テ、軸表紙ヲツケス……

とあるのに一致する。この記述が史実であるか否かは確認できないが、巻子装の細川家本（永青文庫本）や最古本とされてきた丸岡家本が表紙や軸木を伴うのに対し、九大本がこのように簡素なままであるのは、福岡藩における柴任系二天一流の伝統に則ったものと解される。

また、筆跡から見て「地・水・火・風」の巻は、署名・花押のみが柴任美矩の直筆で、本文は別人の手（一筆）になり、「空の巻」のみ本文・署名・花押まで柴任の直筆とみら

れる。

正保二年五月十二日の日付

さて、九大本は、武蔵から寺尾孫之丞（孫之允）信正へ授けられた日付が「正保二年五月十二日」となっている。この日付は『武公伝』やその他の〈武蔵伝〉によれば、『五輪書』を寺尾孫之丞に、『兵法三十九箇条』を同求馬助信行に授与し、『自誓書（独行《どっこう》道《どう》）』奥書を書いたとされる日である。つまり、己の死期を悟った武蔵が、寺尾孫之丞や同求馬助ら所縁の者に形見分けをしたとされる日である。

『五輪書』の焼失

『兵法大祖武州玄信公伝来』には、

一　命終ノ所熊本之城下近邑ノ由、……正保二年乙酉五月十九日、平日之如ク正念ニシテ命終ラル、行年六十二歳也、五巻ノ書同年同月十二日ノ日付ナリ、病臥起居不安故、年号月日ハ所ノ庄屋ニカ、セ、枕ヲアケテ判形有テ寺尾信正ニ授ラル、

……

一　五巻ノ書草案ノマ、ニテ……、武州自筆ノ兵書、何等ノ訳ニテ公儀へ被召上候哉、御城へ上リ御天守ニ納マル、焼失ノ時、此書ニ不限数多ノ珍宝珍器焦土トナレリトカヤ、可惜可悲、

とある。これによれば奥書は「所（在地）の庄屋に書かせ」、「武州自筆ノ兵書（原本）は

どうした訳か公儀へ召し上げられ、天守に納められ、火災により焼失したそうだ」と伝えている。そして「年号月日ハ所ノ庄屋ニカ、セ、枕ヲアケテ判形有」の部分は、『独行道』の奥書の事情を想わせるが、この日付が正しければ、この前年十一月六日に武蔵は熊本に帰っており、在地の庄屋が奥書をすることは考えにくい。また、公儀を熊本細川藩、天守を八代《やつしろ》城天守などとする説もあるが、福岡藩の立花峯均からみて公儀といえば、当然幕府を指し、細川藩や八代城ということにはならず、事実とすれば、天守は江戸城の天守閣、火災は明暦《めいれき》三年（一六五七）正月のいわゆる明暦の大火のことを指すであろう。

未完の事実と日付

しかし、「正保二年五月十二日」の日付について、心ならずも『兵法大祖武州玄信公伝来』や『武公伝』を参照したが、これらの〈武蔵伝〉が史実を伝えているとは考えにくい。ただし、『五輪書』が未完本であったことと、「正保二年五月十二日」の日付に、なんらかの意味があるらしいことは注意しておきたい。

九大本の書写年代

九大本には、奥書に「明暦弐年（一六五六）閏四月十日」（水の巻）、「万治《まんじ》三年（一六六〇）五月朔日」（地の巻）、「寛文《かんぶん》九年（一六六九）四月十七日」（火・風の巻）、「延宝《えんぽう》八年（一六八〇）四月廿二日」（空の巻）の日付があり、それぞれに柴任三左衛門美矩の署名、花押、印章が完備していて、柴任の諱も重斎（か）、秀正、美矩と年代を追って変化し、花押の形もしかるべき変化を遂げている。

吉田実連

また、宛名についても「地・水・火・風」の各巻は吉田実連《よしださねつら》の初名「吉田忠左衛門殿」となっていて、風の巻のみ「吉田太郎右衛門殿」となっている。こうした点からだけみると、これらの年紀はそのまま信じてよいようにもみえるが、実は「地・水・火・風」の四巻の本文は年紀まで含めて全文一筆であり、ある時まとめて書写されたものとみられる。

また、手慣れた書体から、執筆は、右筆《ゆうひつ》など書写の専門家に依頼された可能性が高いようにおもわれ、署名・花押のみ柴任の自筆になる。もとより、『兵法大祖武州玄信公伝来』「追加」部分の吉田実連の条に、「能筆・能書・細工モヨクセリ」とみえるので、実連が自筆で書写し、柴任に署名・花押を書いてもらったということも考えられるが、何とも判断できない。空の巻だけは署名・花押まで柴任の完全一筆である。

二天一流兵法伝授の完了時期

こうしたところからみると、二天一流兵法伝授が最終的に完了した延宝八年（一六八〇）四月二十二日直前に、四巻まとめて書写され、通称、年紀、花押などは各巻伝授の日付に遡って書き込まれたものかともおもわれる。

2 『五輪書』の主要写本

兵法の社会的評価

ところで、吉田実連が二天一流兵法を相伝した頃（一六〇〇年代半ば～後半頃）における兵法（剣術）の社会的評価はどうであったか。

たとえば、寺尾孫之丞・寺尾求馬助の寺尾家や柴任三左衛門の柴任（旧姓本條）家、および細川家本の最終的な宛名になっている山本源助《やまもとげんすけ》の場合、その先祖附などに、彼らが二天一流兵法を学んだことに、まったく触れていないのは、なぜだろうか。『五輪書』の最初の相伝者とされる寺尾孫之丞やその養子でさえも、二天一流兵法のことに触れていないのである。むしろ、ほとんど無視された感があり、寺尾家の場合、本家の嫡男喜《き》内《ない》、三男求馬助信行《のぶゆき》、あるいは山本源助の場合に「鉄炮〇〇挺を預かる」などと誇らしげに書かれているのとは対照的である。極めつけは『吉田家伝録』中で、筆者吉田治年《はるとし》が「予（治年）素《もとより》剣術ノ名ヲ忌ト云ヘドモ　実連ハ長利ノ末葉ナリシ故時々《よりより》実連ヲ招テ其ノ術ヲ習ヘリ」と記していることである。

武蔵が「地の巻」のはじめの方に「兵法之道にハすく《好》人まれ也」と書いたように、彼らが生きた江戸時代前期には、合戦における鉄炮の優位さがはっきり認められた結果、剣術を核とした兵法は必ずしも尊重されず、ややもすれば軽視される風潮があったのではなかろうか。また、徳川幕府も安定し、戦のない時代となり、文武の比重に変化がみられたのであろうか。武蔵の嘆きが聞こえてきそうである。さらに熊本の場合は、兵法好きとして知られた藩主忠利《ただとし》亡き後、武蔵を厚遇した新藩主光尚《みつなお》の早すぎる死去によって、武芸者たちを抱えてきた体制が基盤を喪失したことも大きな要因であろう。

寺尾信行・藤次玄高

剣術師範、兵法師範として先祖附などに明記されるようになるのは、次の世代からである。寺尾家でも兵法師範となったのは、求馬助信行（藤兵衛）の二男藤次玄高《とうじはるたか》、五男弁《べん》助信盛《すけのぶもり》、六男郷右衛門勝行《ごうえもんかつゆき》で、この三人についてはその旨が記されている。長男の左助《さすけ》信形《のぶかた》は、兵法師範を勤めた形跡はない。

兵法相伝書の需用

実際に合戦が行なわれなくなった十八世紀初め頃になって、武士道修行の一環として、剣術をはじめとする武道が再び奨励されるようになったためであろう。このため「兵法伝授の証」として、『五輪書』や『兵法三十五箇条』、『兵法三十九箇条』などの兵法書と「武蔵肖像画」の需要が急増してきたものとおもわれ、これらの兵法書や武蔵の肖像画が多く描かれるようになったものとおもわれる。

五輪書の主要写本

さて、『五輪書』諸写本のうち、多くは江戸時代後期以降に書写されているが、多くは冊子本である。九大本以外で巻子装のものは、丸岡家本、細川家（永青文庫）本、楠家本の三本がよく知られている。

丸岡家本

魚住孝至氏によれば、丸岡家本の書写年代は江戸時代初期で、最古の写本とされているが、伝授者の宛名もなく実際の書写年代の手がかりとなる年紀を欠き、伝来の経緯などは一切不明である。さらに、熊本県八代市で近年確認された『兵法三十九箇条』（「二刀一流兵法書」）と同様、「場之次第と云事」（火の巻）の上欄に近代のインクによる書き込みがあり、本文の筆跡も仮名交じり（五輪書）とカタカナ交じり（三十九箇条）の違いはあるが、両者同一筆者の手になるものと判断されることから、丸岡家本はかつて『兵法三十九箇条』とセットで書写され、近代まで一緒に八代に伝来したもので、書写の実年代は十八世紀以降ではないかとみられる。また、両者ともに奥書に宛名や花押などがないことも共通している。なお、上欄の書き込みは「大星ノ伝ニ夜ハ其時ニ当ル十二支ノ方即日ノ位スル所也（ト云）」とあり、兵学的な検討が加えられたらしいことがうかがえる。

細川家本

次が細川家本で、奥書の「寛文七年二月五日　寺尾夢世勝延（花押）／山本源介殿」が、実際の書写の日付なのかどうかが問題となる。奥書をよくみると「寺尾夢世勝延（花押）」の署名は、その前行までと書体・墨色も異なり勝延自署のようにもみえるが、比較資料や傍証資料もなく、近代になって細川家に収められたことが指摘されるなど、最近では必ずしも肯定的にみられているわけではない。また、すでに指摘されているように、細川家本には多くの脱落箇所や誤写も認められるので、寺尾孫之丞の直接的な関与は考えにくく、再転写本の可能性が高い。なお、山本家先祖附にも源助（源介）が二天一流の相伝を承けたことは記されていない。

楠家本

楠家本は実見していないが、奥書は寛文八年（一六六八）五月、寺尾孫之丞から槇嶋《まきしま》甚介《じんすけ》に授けられたようにみえるものの、実際の書写年代はずっと後のものとみられる。

以上のように、丸岡家本、細川家本、楠家本について、実際の書写年代を確定するための資料はない。九大本は、書写の状況や年代および伝来の経緯が明らかな点で、この三本とは比較にならないほど重要である。

九大本と他の写本の違い

しかも、現在知られる『五輪書』最古の写本は、福岡に伝来した九大本である。そのほかの細川家本をはじめとする写本が、「焼失以前の原本」またはそれに準ずる善本をもとに写されたのかどうか。「何時」「如何なる本」を写したのかについては、残念ながら確たる手掛かりはない。

写し崩れの極めて少ない九大本に比べて、他の写本は写し崩れが多く、再転写本または再々転写本とみられること、またそれ故に意味不明の個所をそのまま写し（残し）、善本による校合を加えたらしき跡がみられないことからみて、熊本には「原本を直接写した善本」は伝来しなかったのではないか。またそのことが、後世、二天一流の相伝書として『兵法三十九箇条』のようなものが生み出される主たる原因となったのではなかろうか。唯一原本から写された善本は、柴任三左衛門美矩が福岡に持ち出したもの、つまり「九大本の祖本」だけではなかったか。

『五輪書』研究が迷走した理由

「熊本に原本に準ずる善本が存在しなかった」こと、これが後の『五輪書』研究を迷走させた最大の原因ではなかったかとおもわれる。すなわち、後世二天一流の本場と信じて疑われることのなかった熊本に、正統な『二天一流兵法書』が伝わらなかったため、長く細川家本を主たる底本として『五輪書』研究が続けられ、福岡藩に伝えられた正統な『五輪書』が顧みられることなく打ち過ぎてきたのである。

3 『五輪書』とは

『五輪書』の概観

今日、『五輪書』の現代語訳や解説書、および外国語訳は多数にのぼる。江戸時代前期の兵法書としても稀であるが、これほどまで広く読者を得ている兵法書は、他に存在しないのではないかとおもわれる。これをどう読むかは読者の自由であるが、解説書の中には、兵法書から離れて、人生訓や経営哲学ででもあるかのように誘導するものもある。

しかし、ここでは『五輪書』そのものについて考えてみたい。まず、その内容を概観しよう。「地の巻」の一項目に、次のようにみえる。多少長くなるので、現代語訳のみを掲げることにする。

一　この兵法の書を五巻に仕立てること。兵法を五つの道に分け、一巻ごとにその利（道理）を理解させるために、地・水・火・風・空の五巻に書き表すのである。

地の巻

地の巻においては、兵法の道の概略、我が一流（二天一流）の考え方〔を書く〕。剣術一通りのことと考えては、実《まこと》の兵法は会得できない。大きいところから小さいところを知り、浅いところから深いところに到る、まっすぐな道の地形を引き均《なら》すという意味で、初めを地の巻となづけるのである。

水の巻

第二は水の巻。水を手本として心を水のようにするのである。水は四角や丸い容器の形にしたがって形を変え、小さな滴ともなり大海ともなる。水には青々とした色がある。その清らかさにあやかり、わが一流のことをこの巻に書き表すのである。剣術一通りの道理を確かに理解し、一人の敵に自由に勝つようになれば、世の人に皆勝てるものである。人に勝つという意味は、千人、万人の敵にも同じことである。将たるものの兵法は、小さいものを大きくすること（小さなことから大局を判断すること）で、一尺の原型をもとに大仏を建立するのと同じである。このようなことは細やかには書き分けにくい。一をもって万を知ることが、兵法の利（道理）である。わが一流の兵法のことをこの水の巻に書き記す。

火の巻

第三は火の巻。この巻に戦いのことを書き記す。火は大きくも小さくもなり、異様に激しいものなので、合戦のことを書くのである。合戦の道は、一人と一人の戦いも、万人と万人の戦いも同じ道である。心を大局的なことに向け、かつ細心にしてよく吟味してみるべきである。大きいところは見えやすく、小さいところは見えにくい。というのは、大人数は急には廻り（動き）にくい（ので動きが見えやすい）。一人のことは心一つによって変わりが早いので、小さいことを知るのは難しい。よく吟味すべきである。この火の巻のこと（戦いや合戦）は、変化が激しいものであるから、日々鍛練・習熟して、〔いかなる場合にも〕日常のこととおもい、平常心を保つこと、これが兵法の肝要なところである。それゆえ、戦闘や勝負のことを火の巻に書き表すのである。

風の巻

第四は風の巻。この巻を風の巻と記すのは、わが一流のことではなく、世の中の兵法諸流派のことを書き記すのである。風というからには、昔の風、今の風、それぞれの家風などというように、世間の兵法諸流派のしわざ（やり方）をはっきりと書き表す、これが風なのである。他をよく知らなくては、自己を知ることはできないものである。諸々の道、色々なことを修行するときに、外道（邪道）というものがある。日々にその道に励んでも、心が本道に背けば、自分ではよい道とおもっていても、直なるところ（正しい道）からみれば実の道ではない。実の道を究めなければ、少しの心のゆがみにつれて、後には大きくゆがむものである。物事において余るのは足らないことと同じである。よく吟味すべきである。他流の兵法は、剣術ばかりのことと世間でもおもっていることは尤《もっと》もである。が、わが兵法の道理や技というのは、まったく別のことである。そこで、世間一般の兵法というものを知らせるために、風の巻として他流のことを書き表すのである。

空の巻

第五は空の巻。この巻を空と書き表すのは、空と言い出すからには、何が奥（奥義）で何が口（初歩）というのか。道理を会得したうえで道理を離れ、兵法の道にひとりでに自由になって、自然と不思議な力を得て、時に臨んではその拍子を知り、ひとりでに打ち、ひとりでに当たる。これはみな空の道である。ひとりでに実の道に入ることを空の巻として書き留めるものである。

五つの表

そして、「水の巻」の末尾に次のようにみえる。

一　右に書付けたことは、〔わが二天〕一流の剣術を大方この巻に記し置いたものである。兵法において、太刀を執って人に勝つ秘訣を会得するには、先《ま》ず五つの表（構の基本形）をもって五方の構を知り、太刀の道筋を覚えて全身がやわらかになり、心の働きがよくなって、道（戦い）の拍子を知り、ひとりでに太刀の使い方も冴えて、身体も足もおもうまま自由自在に動くに従い、一人に勝ち、二人に勝ち、兵法における善悪がわかるようになる。この書の内容を一か条、一か条と稽古して、敵と戦い、次第次第に兵法の利（道理）を会得して、絶えず心にかけ、焦ることなく、折々手に触れ（稽古を積み）、兵法の徳を悟り、誰とでも打合い（手合わせして）、兵法の心を知って、千里の道も一歩ずつ歩むことである。じっくりと構え、兵法を修行することは武士の役目と心得て、今日は昨日の自分に勝ち、明日は自分より下のものに勝ち、後には上手に勝つというように考え、この書物のとおりに修行して、少しもわき道に心引かれないように心がけるべきである。たとえどれほどの敵に打ち勝っても、教えに背くことになれば、実の兵法の道ではないであろう。この道理が心に浮かぶようになれば、一人で数十人にも勝つことの意味もわかるであろう。そのうえは、剣術の智慧の力によって大勢の合戦、一対一の戦いでも勝つ道を会得できるであろう。千日の稽古を鍛とし、万日の稽古を錬とするものである。よくよく吟味すべきことである。

『五輪書』の考え方と構成

ここに『五輪書』の構成や考え方は集約されている。最も重視されているのは、兵法の修練法であり、『五輪書』は二天一流の「兵法指南書」あるいは「教則本」的なものである、といえるであろう。最も精神論的な表現は、次の「空の巻」にみえる。しかし「空の巻」は、「九大本」寺尾孫之丞の奥書によれば、武蔵はながく病気であり、自分では書かなかったため、孫之丞が理解したところを書きつけたとされている。

空の巻の意味

二刀一流の兵法の道、空の巻として書き表すこと。空という意味は、物事が何も無いこと、知覚できないことを「空」と見立てるのである。勿論、空は無いことである。有るということを知って無いことを知るということ、これがすなわち空である。世間では間違ってみるために、物事を理解できないことを空とみるが、これは真の空ではない。すべて見当違いである。この兵法の道においても、武士として道（文武両道）を修行するのに、武士の法（兵法）を知らないというのは「空」ではないし、色々と迷いがあって、なすすべが無いことを「空」といっているけれども、これも実の空ではない。

武士は兵法の道を確かに会得し、そのほか武芸（弓・馬、その他の武芸）によく励み、武士の修行すべき道（文武両道）に精通し、心迷うことなく、常に怠ることなく、心・意（精神・考え）二つの心を磨き、観・見二つの目（大局をみる目・細心に注意する目）を研《と》ぎ、少しも曇りなく、迷いの雲の晴れわたったところこそ、実の「空」と知るべきである。

実の道を知らない間は、仏法にせよ、世間の法にせよ、自分だけは確かな道とおもい、よいこととおもっていても、心の真実の道において、世の大きな（客観的な）尺度に合わせてみると、それぞれの心の贔屓や目の歪みによって、実の道に背いているものである。そのことを悟って、まっすぐなところを基準として、実の心を道として、兵法を広く修行し、正しく明らかに、大きなところを悟って、空を道とし、道を空とみるのである。

ここに引用したところからみても、『五輪書』が第一義としたのは「兵法修行」であり、その到達点として「兵法における空の理念」を示したものであり、しかも初学者を意識して書かれていることも重要である。

『五輪書』の第一義

決して「兵法伝授の証」でも「人生訓」でも「経営哲学」でもない。スポーツ理論を説いた書でもない。あくまでも初学者のために「命を懸けた戦いに勝つための修練法」や「心構え」を説いたものなのである。「空の巻」は多少とも理念的ではあるが、兵法修行を中心に据えたうえでの話である。むろん、『五輪書』に哲学的理念を求めることは可能であるが、それが第一義ではない。

『五輪書』の兵法技術について

以上みてきたとおり、武蔵の伝記資料、兵法思想資料としても『五輪書』は核をなしている。まったくの門外ゆえ、兵法の技術面については他に譲るほかないことを遺憾とするが、さらなる研究の深化を期待したい。

二　絵　画

真筆か否か

古来より武蔵の水墨画や書を論じ、評したものは少なくない。しかし、その前提として、個々の作品がはたして武蔵の真筆かどうかを論じたものは稀である。作品論においては、その作品が真筆であるか否かは、基本的かつ重大な問題である。ところが、武蔵の書画に関しては、その伝記を語るときと同様、『二天記』や『独行道』『五輪書』などによって植え付けられた先入観やイメージを、そのまま作品に投影することで済まされてきたようにおもわれる。

剣禅画一如

その結果、剣禅画一如、武人画家といった、もっともらしい術語でくくられてきた。そうした評は、当らずといえども遠からずの感はあるが、いたずらに文飾によって武蔵を持ち上げ、勝手にイメージを増殖させてきたようにもみえる。文芸作品としての評論であればそれでもよいかもしれないが、それでは作品論は成立しない。

贋物のパターン

武蔵ほどの著名人になると、筆跡や遺愛の品と伝承される遺物の中には、さまざまな贋物が混在している。誰の目にも明らかな贋物は無視すればよいが、本物・贋物にもいくつかの段階があって、判定に困難を伴うものも少なくない。

書画に限ってみても、最初から贋物を意図して作ったもの（当然落款・印章ともに贋物）、落款・印章のない他人のそれらしき作品に意図的に偽印をつくって捺したもの、それらしい作品を後の人が鑑定して本物の印章を捺したもの（これには本物・贋物が混在する）、落款・印章のない本物に後世本物らしき落款・印章を入れたもの（これは落款・印章のみが贋物で絵や書は本物である）などがある。そしてこれらにも手の込んだものから初歩的なものまでいくつかのパターンがある。武蔵の書画には、これらすべてのパターンが含まれているようで判別は大変難しい。

武蔵の絵画論展開の難しさ

一方、武蔵のような余技の画家の場合、職業画家となるべく幼少期から訓練を受けて成長した者と異なり、様式判定には困難な問題がつきまとう。

このように、幾重にも重なる問題を承知で、以下、あえて個々の作品を確認していきたい。そうしなければ、武蔵の絵画論など成り立たないからである。

1　落款・印章

おおまかな四種の「二天」額印

まず、印章からみよう。最も有名な「二天」額印。これは詳しくみると、いくつかの種類がある。永青文庫「紅梅鳩図《こうばいはとず》」に捺されている印（第一種）は、額の外縁に沿って細い白線が入っている。そして、これと同印とみられるのが、熊本県立美術館蔵『独行道』の奥に捺されている。

「独行道」の奥書・印は後世のもの

『独行道』本文は、書体からみて真筆と認められるが、奥書自体は墨色・筆跡ともに本文とは異なり、後人の仕業《しわざ》とみられる。また、『独行道』に捺された印の朱は、橙色を帯びていて、当時捺されたものとはみなせない。したがって、印も偽印の可能性が高い。この印は、管見では以上の二点しか確認されていないが、「紅梅鳩図」には細川藩御用絵師矢野家五代・矢野《やの》良勝《よしかつ》の添状が付属していて、寛政《かんせい》四年（一七九二）以前に捺されたと推定される。まさか良勝がこの印を捺したともおもわれないので、おそらく武蔵歿後しばらく経ってから捺されたものとおもわれる。

「正面達磨図」の印は基準印

正面達磨図（永青文庫所蔵）

次に、永青文庫「正面《しょうめん》達磨《だるま》図《ず》」に捺されている「二天」額印（第二種）は、松井文庫「野馬《やば》図」がほぼ同印とみられる。そして、額印の捺された他の作品のなかでも「正面達磨図」の印が、捺印の場所、朱肉の色合い、料紙へのなじみ具合などの点で、最もしっくりしている。武蔵自身が捺印した

野　馬　図（松井文庫蔵）

ものとしては、この「正面達磨図」を第一に挙げるべきで、「二天」額印についてはこれが基準印となろう。

「二天」額印の三番目（第三種）は、第二種に比べて額の縁左上・中央部の形（右側が瘤状になる）、二の字が右すぼまり気味など、捺印の際のズレやにじみとはおもわれない違いがあり、また、朱の色も明るい。この印は、主なものでは永青文庫「面壁達磨図《めんぺき》」と、福岡市美術館「布袋見闘鶏図《ほていけんとうけいず》」に捺されている。文人でもない武蔵が、似たような印を複数使用したともおもわれないので、この印自体は偽印であろう。

「戦気」の印は後入れ

「二天」額印第四種は、額縁中央部の山の右側がなだらかで左より高い、左側の切れ込みが鈍いなどの特徴がある。岡山県立美術館「布袋《ほてい》・竹雀《ちくじやく》・古木翡翠図《こぼくひすいず》」、同「周茂叔図《しゆうもしゆくず》」、同「鵜図《うず》」、刀剣博物館「午眠布袋図《ごみん》」、吉川英治記念館「蓮池翡翠図《れんちひすいず》」、松井文庫「戦気《せんき》」などに捺されている。「戦気」の落款・印章が後入れというのはすでに衆目の認めるところで、この印の捺されたものはすべて後印の可能性を否定できない。これも印自体は偽印であろう。

このほか「二天」の「二」の上下画が極端に右すぼまりになったものや、朱肉の色が著しく橙色をしたものがある。このようにみてくると、「二天」額印には、少なくとも五種以上の印があることがわかるが、「二天」額印の多くは偽印の可能性が大変高いことが理解されよう。

なお、武蔵が「二天」印を用いたかどうかについては、「小倉碑文」に「二天と号す」とあり、八代市立博物館「武蔵書状」にも「二天」の署名（結び封の表書き）があり、その他流派名を「二天一流」としているので、生前から号として用いていたことは疑いない。

「枯木鳴鵙図」の印は後入れか

次に、最も有名な和泉市久保惣美術館「枯木鳴鵙図《こぼくめいげきず》」に捺されている白文「武蔵」印（甲種）。白文「武蔵」印には、文字の白抜きが太いものと細いものの二種があるが、ここでは太い方を甲種としておく。この印（甲種）には、「二天」額印第四種と併捺されているものがある（岡山県立美術館「鵜図」、個人蔵「柏《かしわ》に木菟図《みみずくず》」、同「葡萄《ぶどう》に栗鼠図《りすず》」、同「柳《やなぎ》に鵯《ひよどり》図《ず》」）が、この「二天」額印第四種は確実に後入れとわかる「戦気」にも捺されているので、この印（甲種）も後入れの可能性は否定できない。とすると、これら二つの印のどちらか片方、または二つとも捺されているものは、印章だけからみると、すべて後印の可能性を否定できないということになる。

また、画技においても「枯木鳴鵙図」は、岡山県立美術館「鵜図」・個人蔵「柏に木菟図」・同「葡萄に栗鼠図」・同「柳に鵯図」をはるかに超越していて、様式的にも相容れないものがあり、これらに同じ印が捺されていること自体、馬脚を現しているといえよう。

「芦葉達磨図」の印は判断不能

いま一つの白文「武蔵」印は文字が細い方で、これを乙種とする。この印は、いまのところ徳川美術館「芦葉《ろよう》達磨図」だけしか確認されていないので、印章の真贋および押捺時期の判断は難しい。ただ、朱肉の付き具合に不自然さも感じられるので、これも後印の可能性は否定できないようにおもう。

永青文庫「鵜図」に捺された宝珠形「寳」印は、松井文庫「達磨鴨図」(「達磨・浮鴨《うきがも》

鵜　図（永青文庫所蔵）

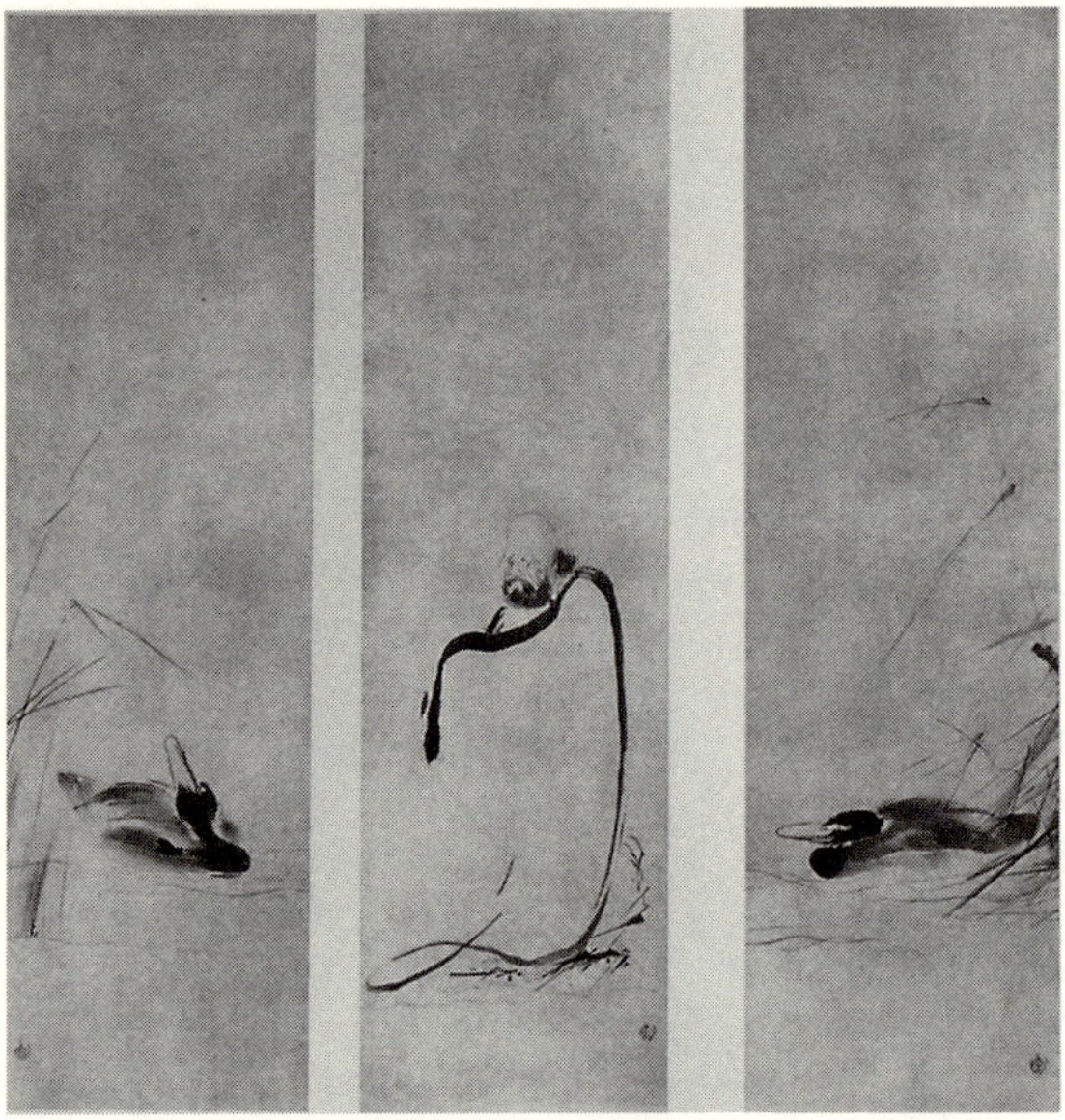

達磨鴨図（松井文庫蔵）

図《ず》」とも呼ばれる）にも捺されている。「鵜図」の署名は書状の筆跡と同筆とみられるので、この印は当初のものとみられる。ただ、個人蔵「布袋観闘鶏図」にもこの印が捺されているが、印の写りがよくなく、同一印かどうか判断が難しいうえに、闘う鶏二羽が布袋の視野から大きくはずれていて、しかも闘鶏とはおもえないほど粗雑に描かれているなど、絵画としての問題もあり、とりあえず今後の検討課題としたい。なお、印文の「寶」という語が、武蔵にとって一体何を意味するのか、不明である。

香炉形二天印はすべて偽物

このほか、あえて取り上げなかった香炉形「二天」印の捺されたものは、故丸岡宗男氏が早くに指摘されたように、本物は一つもない。

武蔵にとっての落款・印章

このように、武蔵の印章の捺されたものは、極論すれば、永青文庫「正面達磨図」と同「鵜図」、松井文庫「野馬図」、同「達磨鴨図」のみが基準作たりうるということになる。もとより『独行道』の場合、奥書や印章は別人の仕業としても、本文は武蔵筆とみられるように、印章が違うから贋物と断ずるつもりはない。それにはさらに様式の検討が必要である。

ただ、「自娯」（自分だけの楽しみ）のために筆墨を楽しんだとおもわれる武蔵には、必ずしも落款・印章を入れる必要はなかったであろう（たとえば、伝来に比較的信憑性のある細川三《さん》斎《さい》〈忠興《ただおき》〉筆の馬の絵などには落款・印章はない）。これ見よがしに目立つ場所に落款・印章のあるものは、そうした意味からも後人の仕業とおもわれる。

2　様　式

四作品を基準にみる様式的特徴

前項でみたように、印章による真贋の判定は、後印が多く、しかも後印の作例にも本物が含まれる場合がありうるという点で、必ずしも決定的な方法とはならない。そこで、永青文庫「正面達磨図」、同「鵜図」、松井文庫「野馬図」、同「達磨鴨図」を基準として、その様式的特徴を次のようにまとめてみた。

① 長めの墨線には意志的な勢いというよりも、穏和で躊躇《ためら》いがちな「ゆれ」が認められる。

② 太い筆を使った濃墨には、画面全体を引き締めるような強い効果が意図されている（鵜図の足、正面達磨図の耳輪など）が、濃墨の部分はあまり大きくない。

③ 鳥の目や人物の瞳などは「形」を意識して「描く」のではなく、濃墨をつけた筆で「一突き」して表す。

④ 細密画的要素が認められない。

⑤ 落款・印章の位置は常識的にみてもしかるべき場所が選ばれている。

⑥ 「正面達磨図」と「達磨鴨図」では幾分作風が違っていて、「達磨鴨図」の方がたっぷりと墨を含ませて穏やかに描かれ、「正面達磨図」の渇筆気味で緊張感のある描法とは異なっている。「鵜図」はその中間的な作であるが、ここでは一応、武蔵の作風にこの程度の幅を認めておきたい。

さて、印章の捺されたものでは、岡山県立美術館「周茂叔図」も様式的に近似する。

「周茂叔図」

同図の賛者は林羅山《はやしらざん》で、『羅山文集』に武蔵肖像画賛がみえることなど、武蔵との関係が想定されることからも武蔵真筆の可能性が高いが、「二天」額印は、先述のとおり後捺とおもわれる。

二つの「達磨図」

永青文庫「面壁達磨図」、徳川美術館「芦葉達磨図」も様式的には武蔵画の範疇に入るとおもわれるが、印章は後捺の可能性を払拭できない。ともあれ、この三作品は、後捺ではあっても、様式的には一応武蔵筆の可能性のあるものとみてよいとおもわれる。

しかし、次の三作品については問題がないわけではない。それは、和泉市久保惣記念美術館「枯木鳴鵙図」、永青文庫「紅梅鳩図」、福岡市美術館「布袋見闘鶏図」といった名品である。これらは、いずれも先にみた武蔵画の様式的特徴とは異なっている。

「枯木鳴鵙図」

「枯木鳴鵙図」の場合は、勢いある細枝の描線や、全体的には簡略な筆致にもかかわらず、実に写実的に描かれた鵙《もず》の頭部（特に目から嘴にかけての細密画的表現）など、先に設定した基準作の様式と異なるばかりでなく、それらの画技をはるかに超えている。

「紅梅鳩図」

また、「紅梅鳩図」の真っ直ぐ上に伸びた枝の描線は、「枯木鳴鵙図」の描線より幾分柔らかみを帯びているが、「正面達磨図」や「鵜図」にみえる「ゆれ」や「ふるえ」のある描線とは異質である。また、梅樹のたっぷりした暈《ぼ》かし、なによりも、暖かみや柔

「布袋見闘鶏図」

枯木鳴鵙図　宮本武蔵筆（和泉市久保惣記念美術館蔵）
武蔵筆として伝来してきた作品だが，様式的な特徴などから，作者については再検討の余地がある（本文参照）．

らかさをも感じさせる没骨《もっこつ》のみで表現された鳩の羽毛、梅樹の立体感、水墨にもかかわらず薄紅の色合いさえも連想させる梅花など、独学で絵を始めた余技の画家とは到底おもわれない卓抜さをみせる。

「布袋見闘鶏図」も、たっぷりした水墨の表現や、杖や足元にみえる濃墨の熟達した勢いある筆の走りは、先に設定した基準作の様式とは異質である。「鵜図」の後頭部や肩先の暈かしなどは、これらの水墨法にはとても及ばない。

布袋見闘鶏図
（福岡市美術館（松永コレクション））

紅 梅 鳩 図（永青文庫所蔵）

「芦雁図屏風」

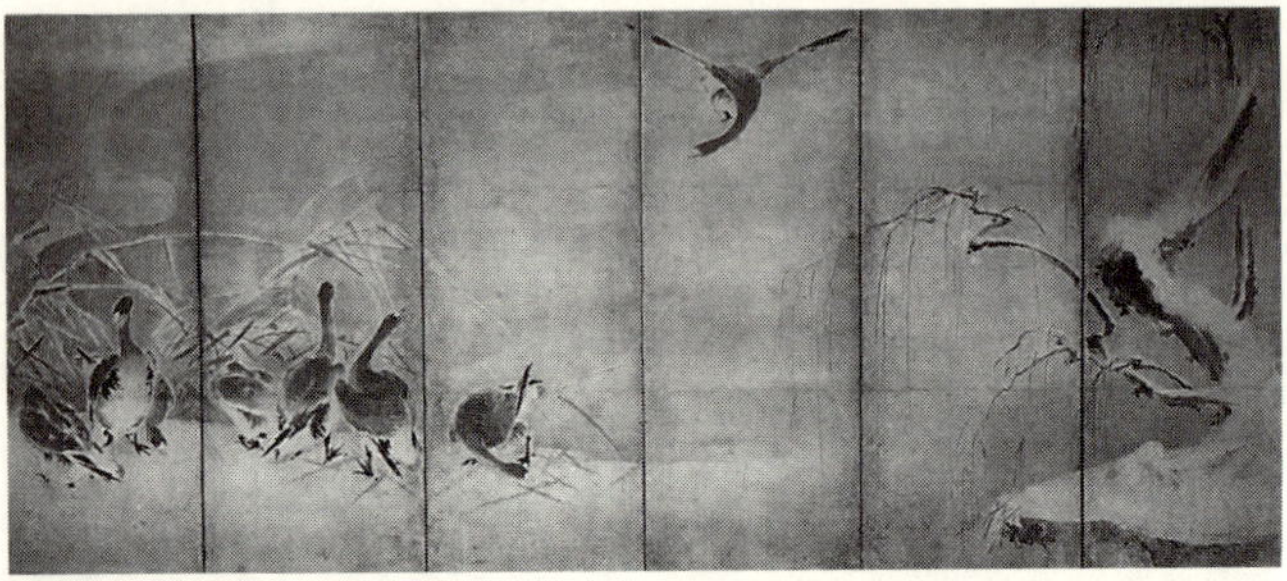

（永青文庫所蔵）

とすると、これらの三作は、印章からみても武蔵作とする根拠はなく、様式からも、武蔵画とするにはできすぎている。おそらくこの三作の筆者は、武蔵よりもはるかに高い画技を持った画家ではなかろうか。

では、落款・印章の伴わない永青文庫「芦雁図屏《ろがんずびょう》風《ぶ》」（重要文化財）の場合はどうか。本屏風は、明らかに六曲一双屏風として描かれ、右隻《せき》には雪景色に真雁《まがん》、左隻には晩秋の水辺に白雁《はくがん》が描かれている。しかし、通常の六曲一双屏風のように、構図がつながらない。両端に柳と松の大木を配して、安定を図っているかにみえながら、右隻左端に描かれた州浜《すはま》形は、左隻の水平線とは相容れない。州浜を描かずうまく暈かせば、水平線だけはつながるかにみえるが、それでも真雁の群と白雁の群は互いに呼応しない。このような屏風絵は稀にみかけるが、一隻ずつ季節に合わせて鑑賞されることを前提に描かれた

芦雁図屛風

のであろうか。

専門絵紙の関与

また、左隻の松の描写は見事で、闊達な筆遣いは、まさに海北友松《かいほうゆうしょう》などを連想させる。しかし、右隻の積雪を表す外隈《そとぐま》の薄墨は重苦しいし、真雁の背などの墨調は晦渋である。水墨画は著色画とちがい、一人で描き上げるのが一般的であるが、この屛風にみえるこうした矛盾は、おそらく専門絵師の指導のもとにアマチュアの画家が描いたなどの、特殊な作画事情があったのではないかとおもわせる。

武蔵の特徴部分

画面に掃かれた金泥《きんでい》は、当初のものか後世のものか不明だが、もし当初のものとすれば、専門絵師関与の可能性はいっそう高まってくるだろう。主モチーフの雁は真雁・白雁ともに目と足と翼の先の濃墨表現に特徴があり、これらは「鵜図」などと共通するし、右隻枝垂柳の描線の「ふるえ」も先にみた様式と矛盾しない。さらに、真雁の羽毛表現の晦渋さなども合わせて、本屏風の主要モチーフの様式からは武蔵画の特徴がよくうかがえる。

合作の可能性

以上のようなことから、本屏風は専門絵師と武蔵の合作の可能性を想定したい。専門絵師としては、細川藩御用絵師・矢野三郎兵衛吉重なども想像されるが、三郎兵衛に水墨の大作がなく、比較すべき作品をおもいつかない。なお、本屏風は縦三段に紙継ぎがあるが、この時代までの本間《ほんげん》屏風の紙継ぎは五段が一般的で、三段継ぎは珍しい。幅広い紙継ぎは、雲谷派《うんこくは》などにままみられるが、このあたりにも熊本という地域性が現れているのかもしれない。

また、同じく落款・印章を伴わない永青文庫「捫腹《もんぷく》布袋図」も、様式的には近似する。ただ、この絵が絹本であることなどからみて、あるいは武蔵が手本としたのが、このようなものであった可能性も考慮しなければなるまい。

信憑性の高い作品

右のように、私は、永青文庫「正面達磨図」「面壁達磨図」「鵜図」「芦雁図屏風」、松井文庫「野馬図」「達磨鴨図」、岡山県立美術館「周茂叔図」（林羅山賛）、徳川美術館「芦葉達磨図」の八件あたりが、武蔵画として最も信憑性の高い作例ではないかとみている。あるいは、永青文庫「捫腹布袋図」もこれらに含めてよいかもしれないが、次にこれらを元に武蔵の筆技を考えてみたい。

武蔵の筆技

まず、画技の問題について。すでにみたようにけっして筆は走っていないし、水墨の暈かしなども巧みとはいいがたい。むしろそうした技術に頼ることなく、無欲に筆をとったような印象が強い。永青文庫「正面達磨図」には、ある種の緊張感もみられるが、武蔵画について一般にいわれてきたような、剣気漲るなどの評言は当たらないだろう。「芦鴈図屛風」に漂う寂寥感も、巧まざる描線と稚拙さを残す薄墨の処理や水墨法によって偶発的に生じたとの印象をぬぐえない。つまり、これが左隻の松枝などのような巧みな画技だけによって描かれたのであれば、寂寥感というよりも一段と瀟洒な画面になっていたであろう。

筆技の特徴

このように、むしろゆっくりした運筆による頼りなげな描線と未熟さを残す水墨法の醸し出す微妙な味わいが、武蔵画を特徴づけている要素の一つではないか。伝記類や兵法書によって植え付けられたイメージを離れて率直に画面をみつめると、病気がちであった晩年の武蔵の淡々とした気持ちが伝わってくるような気がする。

以上、永青文庫「正面達磨図」「鵜図」、松井文庫「野馬図」「達磨鴨図」を基準として武蔵画の範囲を想定してみたが、むろんこれは一つの仮説である。基準作の範囲をどのあたりに設定するかによって結論は違ってくるだろうし、様式論的判断は論者の経験や問題意識によって少なからぬ「ズレ」を生じるのが常である。それゆえ、「枯木鳴鵙図」「紅梅鳩図」「布袋見闘鶏図」などの名品を、武蔵画の頂点をなす作品であるとする見方もあろう。そうした反論を大いに期待したいし、論議が盛んになることを切に願うものである。

「紅梅鳩図」について

最近、財団法人永青文庫学芸員・三宅英和氏は、同文庫蔵「紅梅鳩図」の様式は、「正面達磨図」「芦雁図屏風」と通ずるものがあり、武蔵真筆とみとめてよいのではないかとの説を発表されている。私はこの説には半ば同感するところもあるが、なお、異質の感をぬぐえないでいる。

「周茂叔図」の賛

ところで、岡山県立美術館蔵「周茂叔図」に林羅山の賛があることや『羅山文集』中に「新免玄信像賛」がみえることから、武蔵と羅山は旧知の間柄であったことが指摘されてきたが、これは江戸においてのことではなかったかと想像している。さらに、「周茂叔図」が禅林水墨画でよく描かれてきた「四愛図」（陶淵明《とうえんめい》愛菊図、周茂叔愛蓮図、林和靖《りんなせい》愛梅図、黄山谷《こうさんこく》愛蘭図）中の愛蓮図ではなく、向かって右向きの半身像として描かれていることに注意したい。上部の賛をみると、

聖人正統属濂翁　秋月明々胸宇中　雲路光風開不闔　春陵門是広寒宮
後学林道春謹賛
とあり、次のように読める。
聖人の正統は濂翁に属《つらな》り　秋月明々たり胸宇の中　雲路の光風は開いて闔《と》ざさず
春陵《しょうりょう》の門はこれ広寒宮　後学林道春（羅山）謹んで賛す

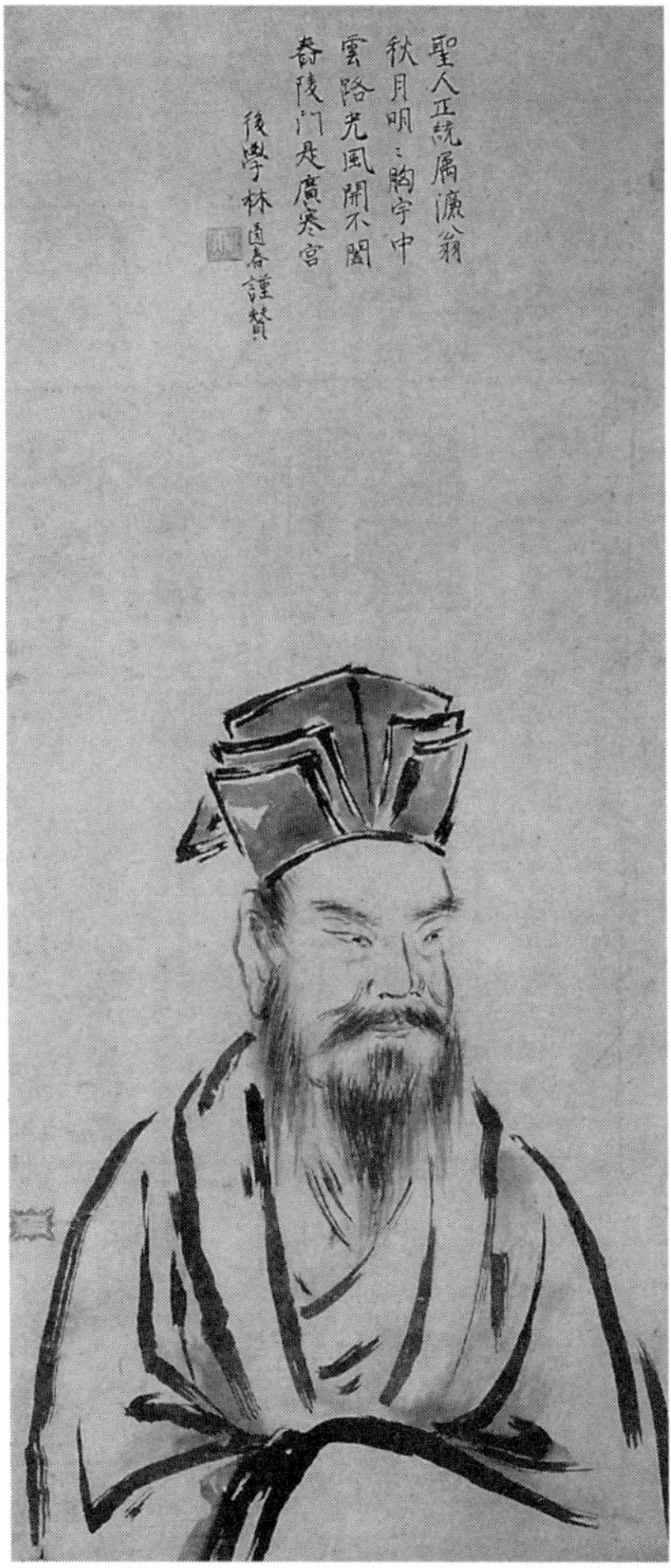

周茂叔図（岡山県立美術館所蔵）

語句の意味

語句の意味は、「濂翁」は周茂叔（一〇一七～一〇七三）の号濂渓《れんけい》のこと。「雲路」は高いところ。「光風」は雨上がりの爽やかなそよ風。「闔」は閉じる。「舂陵」は漢時代におかれた県で周茂叔の出身地。また、後漢を興した光武帝（劉秀）の故地である。あるいは劉秀が、帝位についたのを知って野に隠れた幼馴染の厳光《げんこう》（紀元前三十九年～後四十一年）を探しだし、昔と変わらず接したという故事も踏まえているかもしれない。「広寒宮」は月の世界にある宮殿である。

意訳

意訳すれば、「聖人の正統＝儒学（朱子学）は周茂叔先生に連なっている。その胸中は秋の明月のように浄らかで澄みわたっていて、高雅で爽やかな学風は閉ざされることはない。先生の門に学ぶことは、まさに月の世界の宮殿に遊ぶように愉しい」といったことになろうか。朱子学の祖とされる周茂叔を讃え、またその学徒であることの歓びを謳った詩といえる。

図様

図様は、中国明代の王圻《おうき》著『三才図会《さんさいずえ》』人物七巻三十四「周濂渓像」によったもので、同書には、

周濂渓、名は敦頤《とんい》、字は茂叔、濂渓先生と号す。道州営道の人。（黄）山谷は云う、舂陵の周茂叔は人品甚《はなは》だ高く、胸中は洒落《しやらく》にして光風霽月《せいげつ》の如く、雅意は林壑《りんがく》（林

と谷。南宋謝霊運《しゃれいうん》の詩に〈林壑は暝色《めいしょく》を斂《おさ》め、雲霞は夕霏《せきひ》を収む〉とある）と。初めて窘束《きんそく》せず、太極図及び通書を作る。初めて旧蔭を以て提刑《ていけい》を除いて仕う。終《つい》には南康軍に知たり。元公と諡《おくりな》す（原漢文）

と記す。羅山の賛はこれを踏まえたものとおもわれる。『三才図会』は、明の万暦《ばんれき》三十五年（一六〇七）頃の著作で、周茂叔の図様としても新来のものであった。この図が禅林でよく描かれてきた愛蓮図のような鑑賞画でなく、周茂叔を朱子学の開祖とした祖師図的な形式で描いていることに注意すると、これは、近世初期に禅林から派生し独立した日本の朱子学における新しい画題とみることもできよう。

「剣禅画一如」への疑問

とすると、従来の武蔵画についての「剣禅画一如」などといった評語は適切かどうか。たしかに達磨や花鳥など自然界の生き物を描いている点で、画題は禅林所縁の範疇にいれてよいだろう。しかし、禅僧の著賛のある確かな作例はなく、禅林から出発して禅林を出た朱子学者・林羅山賛の周茂叔図があることや、禅林水墨画では画と賛が不可分の関係にあることが一般であるにもかかわらず、無賛の絵がほとんどであることが気にかかる。

武蔵に関わった禅僧

また、具体的に武蔵とかかわった禅僧は誰か、ということになると、これも不明である。かつて武蔵とかかわりがあったといわれた沢庵宗彭《たくあんそうほう》（一五七三～一六四六）や春山玄貞《しゅんざんげんてい》（一六一八～七三）については、いまや否定的にみられている。近年は、武蔵の葬儀に際して導師をつとめた大淵玄弘《だいえんげんこう》（一五八四～一六五三）とのかかわりが注目されているが史料はない。それに、『五輪書』で士農工商それぞれの生き方などに触れていることからすると、武蔵の関心はあるいは禅宗と同じくらい、あるいはそれ以上、朱子学に近かったのかもしれない。

武蔵の絵画と朱子学

軽々に論じられる問題ではないが、武蔵の絵画を剣や禅のみで評するのではなく、広く当時の日本に受け容れられていた中国的教養、とくに近世初期に盛んとなった朱子学も含めて考えなおす必要があろう。

三　書　跡

1　戦　気

武蔵の書跡とされてきたものでは、一行書「戦気」（松井文庫）、『独行道』『五方之太刀道』（いずれも熊本県立美術館）のほか、二通の書状などが知られる。

「戦気」は観賞用

さて、「戦気」はもともと観賞を目的として書かれたものらしく、他よりはるかに見応えがある。落款の「道楽」と「二天」額印は後入れであるが、筆跡は書状にみられる書体や基準作とされる水墨画にみられる「ゆれ」のある描線と共通し、伝承のとおり武蔵の真筆とみてよい。また、武蔵が「道楽」と号した例は他になく、目下のところ、後人の賢《さか》しらとみてよい。

「戦気」と「紅楼宴別」

下部の「寒流帯月澄如鏡」の句は、白楽天《はくらくてん》詩集巻十六に見える「紅楼宴別」詩から採られたもので、長江のほとりで送別の宴を催した時の作。

紅楼宴別

楼中別曲催離酌　燈火紅裙鏦緑袍

戦　気（松井文庫蔵）

縹渺楚風羅綺薄　　錚鏦越調管絃高
寒流帯月澄如鏡　　夕吹和霜利似刀
尊酒未空歓未尽　　舞腰歌袖莫辞労

この詩は、『和漢朗詠集』（歳暮）にも編み込まれ、広く人口に膾炙《かいしゃ》したもののようである。全体は宴の終わらんとするのを惜しむ気持ちを詠んだもので、戦気（戦いの意気）とはかかわりないようであるが、五句・六句目の「寒流月を帯びて澄めること鏡の如し、夕吹霜に和《くわ》して利《と》きこと刀に似たり」の冷徹な気分が戦気に通じるのであろう。

武蔵自身が「戦気」とこの詩句を結びつけたのか、既成の組合せであったか明らかにしえないが、常に兵法のことが念頭から離れなかったらしい武蔵の心境をおもわせる一行書であり、また、武蔵の漢詩の教養の一端を示す一幅である。

2　独行道

『独行道』の内容はいたって明快で、晩年の武蔵がその心境を箇条書きにしたもののようにみえる。が、自らの戒めとして書いたのか、他人あるいは弟子たちに示すために書いたものか、目的がいまひとつ、はっきりしない。奥書は、筆跡および墨色からみて、

奥書は後書き

別人の手による書き入れと判断されるが、本文の書体は二通の書状などと共通し、武蔵の真筆とみてよい。書かれた時期は、文中の語句からも武蔵晩年の頃と察せられる。ただし、正保二年（一六四五）五月十二日以下の奥書は別筆なので、ここまで限定することはできない。

また、寺尾孫之丞に宛てたような形式であるが、これもそのまま信じるわけにはいかない。さらに花押は、八代市立博物館蔵の「武蔵書状」の花押と似ているが、左端の形などに違いがある。また、熊本市島田美術館蔵「覚書」（武蔵書状写しか）の花押とは同形と認められるので、「覚書」を書いた人物となにか関連があるらしいことを指摘しておきたい。

『独行道』の題名

『独行道』という題名は、『孟子《もうし》』「滕文公《とうぶんこう》章句下」の「独行其道」や『礼記《らいき》』「儒行篇」、および韓愈《かんゆ》『伯夷頌《はくいしょう》』中の「特立独行」とのかかわりが指摘されてきた。武蔵の教養や思想を考えるうえでは、こうした中国の古典についても触れる必要があるとおもわれるので、少し検討を加えてみたい。

武蔵と中国古典

『五輪書』序文には、

兵法之利に任て諸芸諸能之道となせハ、万事におひてわれに師匠なし。今此書を作

全図

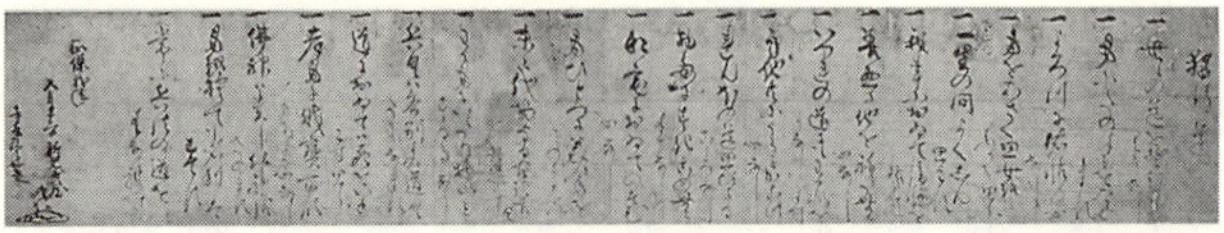

書出

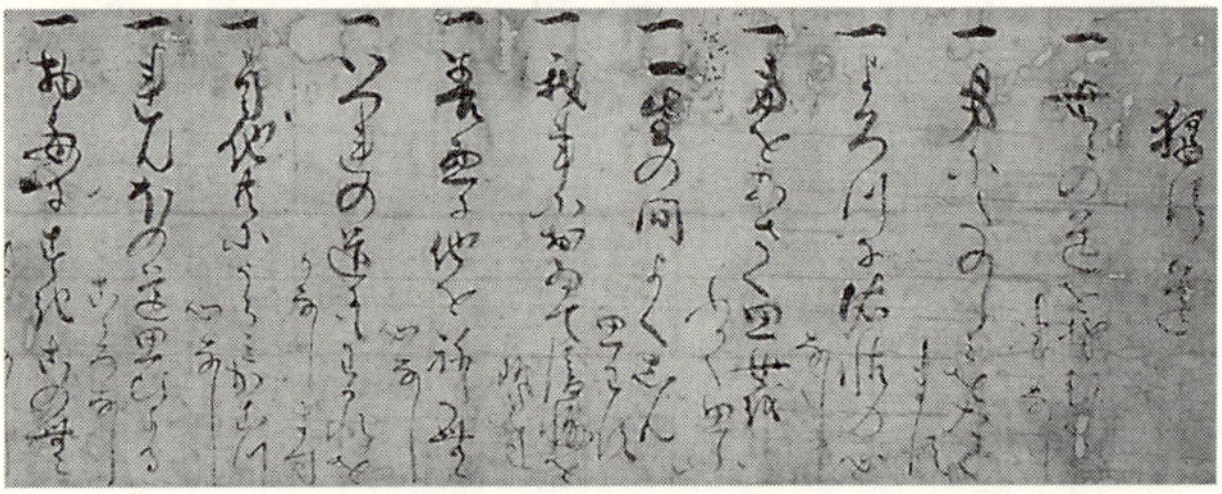

奥書

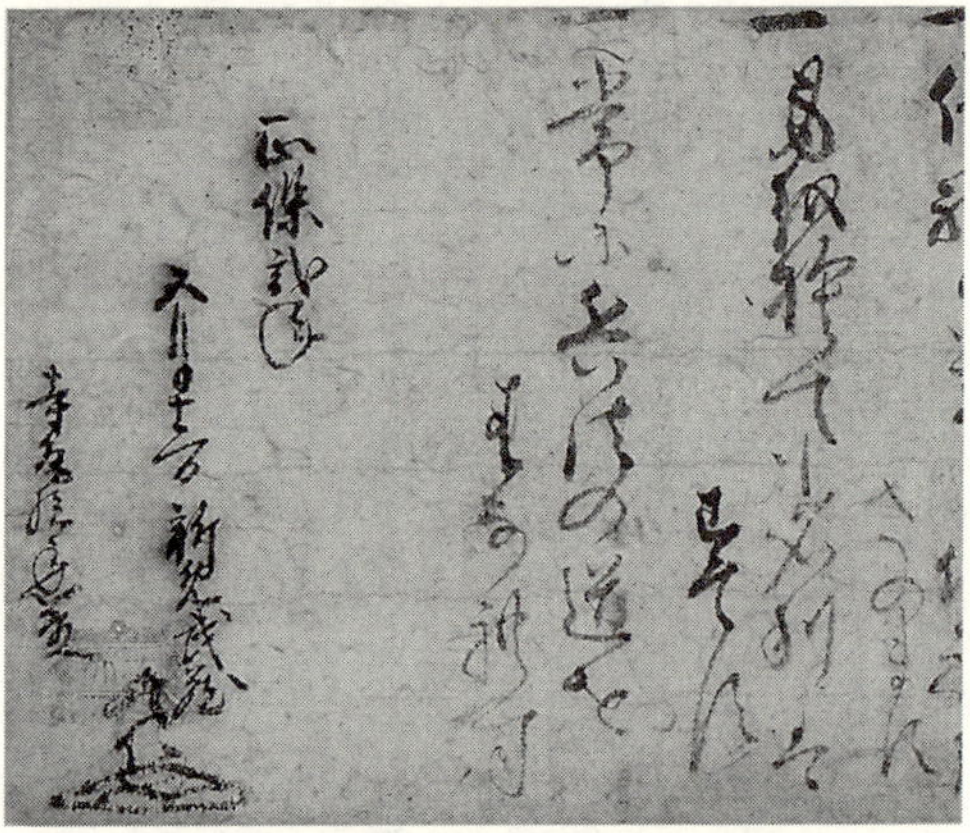

独　行　道（鈴木猛氏寄贈　熊本県立美術館所蔵）

といへ共、仏法儒道の古語をもからす、軍記軍法のふるきことをも用すと書いているが、武蔵に仏法・儒道・軍記・軍法についての教養がなかったわけではなく、否、こうした教養がなければ、『五輪書』の執筆など思いもよらなかったであろう。

さて、『孟子』「滕文公章句下」には、

居天下之広居、立天下之正位、行天下之大道、得志与民由之、不得志独行其道、富貴不能淫、貧賤不能移、威武不能屈、此之謂大丈夫　　『孟子』

(読み下し)

天下の広居に居り、天下の正位に立ち、天下の大道を行ふ。志を得れば民と之れに由り、志を得ざれば独り其の道を行ふ。富貴も淫する能はず、貧賤も移す能はず、威武も屈する能はず。此れを之れ大丈夫と謂ふ。

とみえる。この部分は広く人口に膾炙したところで、士大夫たる者のあり方、心構えを説いたものである。「志を得ざれば独り其の道を行ふ」とは、その地位や立場を得られなければ一人でその道を行なう。「富貴も淫する能はず」とは、富や地位を得るために道を踏み外さないこと。「貧賤も移す能はず」とは、貧しい境遇にあっても節操をかえないこと。「威武も屈する能はず」とは、威厳や武力に屈服しないこと、といった意味である。「不得志独行其道」以下は、『独行道』の箇条と一脈相通じるものがあり、武蔵はあるいは『孟子』「滕文公章句下」に触発されて『独行道』を書いたのかもしれない。

次に、『礼記』儒行第四十一の当該箇所をみると、『礼記』「儒行篇」は、魯《ろ》の哀公の問いに孔子が答える形で、「儒行」(道徳のある人の行為)を十九項目にわたって載せて、儒者のあるべき言行を論じたものである。この中には、『独行道』の箇条と内容的に共通するものもあるが、これによったのでは、なさそうである。

『礼記』と『伯夷頌』

むしろ『独行道』は、『礼記』や『孟子』よりも、韓愈の『伯夷頌』における「特立独行」に近いようにみえる。『伯夷頌』における「特立独行」についての解釈は、『礼記』におけるものといささか異なっている。『礼記』では「人に比べて優れた言行」を目指すが、『伯夷頌』では「世間の評価などを問題にせず、己の信念にもとづき世間とかけ離れて立ち、ただ独り行くこと」、すなわち個としての生き方そのものを指しているようにみえる。

武蔵が、韓愈の『伯夷頌』をわが身に照らして書いたものとしたら、その教養や思想のあり方を考えるうえでこれも参考になる。当時すでに狩野派による伯夷叔斉図(伝狩野永徳筆)なども描かれており、『史記』の「伯夷叔斉列伝」だけでなく、『伯夷頌』も広く知られていたとおもわれる。武蔵がこれを意識して書いた可能性は十分にあるので、両者をみてみよう。

『伯夷頌』の内容

『伯夷頌』は、次のとおりである（以下『唐宋八大家文読本1 新釈漢文大系』70、星川清孝著、明治書院より引用。原文は漢文。読み下しのみ掲げる）。

士の特立独行は義に適ふのみにして、人の是非を顧みざるは、皆豪傑の士、道を信じること篤くして、自ら知ること明らかなる者なり。一家之を非とするも、力行して惑はざる者は寡し。一国一州之を非とするも、力行して惑はざる者に至つては、蓋し天下に一人のみ。若し挙世之を非とするも、力行して惑はざる者に至つては、則ち千百年にして乃ち一人のみ。殷の亡び、周の興るに当つて、微子賢なり。祭器を抱いて之を去る。武王・周公は聖なり。天下の賢士と天下の諸侯を従へて、往いて之を攻む。未だ嘗て之を非とする者有るを聞かざるなり。彼の伯夷叔斉は、乃ち独り以て不可と為す。殷既に滅べり。天下周を宗とす。彼の二子乃ち独り其の粟を食ふを恥ぢ、餓死して顧みず。是に由りて言へば、夫れ豈求むること有りて為さんや。道を信ずること篤くして、自ら知ること明なるなり。今世の所謂士は一凡人之を誉むれば、則ち自ら以て余有りと為し、一凡人之を沮めば、則ち自ら以て足らずと為す。彼独り聖人を非として、自ら是とすること此の如し。夫れ聖人は乃ち万世の標準なり。予故に曰く、伯夷の若き者は、特立独行、天地を窮め、万世に亙つて、顧みざる者なりと。然りと雖も二子微（なか）りせば、乱臣賊子迹を後世に接せしならん。

黒川清孝による解説を続ける。

伯夷・叔斉は殷末の一小大名、孤竹君の子である。孤竹君には三子あり、伯夷が長子、叔斉が末子であった。父は叔斉を立てようとしたが、父の歿後、叔斉は兄の伯夷に譲った。伯夷は父の遺命を重んじて位につかず、二人ともに北海の浜に逃れ去ったので、国人は次子の仲子を立てて君とした。その後伯夷と叔斉は周の文王に従おうとしたが、文王が死に、その子武王が軍を興して、殷の紂王を討とうとするのに出会った。兄弟は「暴にむくいるに暴をもってしてはならぬ、臣下にあってその主君を討ってはならぬ」と諫めたので、武王はこれを殺そうとしたが、軍師の太公望が「義士である」とほめて救った。周が殷を滅ぼすや、二人は遂に周の粟を食うを恥として、首陽山に隠れて、蕨をとって食ったが、遂に餓死した。韓愈はこの二子の忠義の行為を絶賛したのだ。

「特立独行」とは世間を問題にせず、世間とかけ離れて立ち、ただ独り行くことを指す。士たる者はそのような気概を持って、その行いは「義に適う」、ただ道義にかなっているものである。そして「人の是非を顧み」ない、つまり人の批判に目もくれないのは、豪傑の士たる所以であり、道理を信ずることが篤くて、自身をしっかりと知っているからである。

『伯夷頌』の締めくくり

一家のものがそれはよくないと言っても、力を尽くしてそれを行い、そこに惑いがない者は少ない。一国一州の人々がそれはよくないと言っても、力を尽くしてそれを行い、そこに惑いがない者となると、これは天下に一人ぐらいしかいないだろう。世の中の人間全員がそれはよくないと言っても、力を尽くしてそれを行い、そこに惑いがない者に至っては、千年、百年に一人出るか出ないかであろう。

韓愈は、当時も今も支那中の人々が賞賛する武王の行為を、ただ一人、道義に反するとして諫めた伯夷と叔斉を、暗に千年、百年に一人の人物だと述べているのだ。

『伯夷頌』は次の文章で締めくくられている。

今の世の中のいわゆる士という者たちは、一凡人が自分を誉めれば、自分でもそれで十分、むしろあり余る光栄だとおもい、一凡人が自分の名誉を害すれば、自分でも不十分だ、それでシュンとなってしまう。ただ伯夷はただ一人、聖人と言われ今も昔も支那人が賞賛して止まない周の武王の行いを「道義に反する」と諫めて止まず、自らの信念を貫いて殷が滅亡した後、周の粟を食らうを恥として、遂に餓死した。聖人と言われる武王は、万世にわたって永遠の手本である。私はそれ故伯夷のような者は、天下こぞって自分を非難してもそれでも足りないとし、天下こぞって自分を誉めてもそれでも満足しないという、「特立独行」の気風を持っており、ただひたすら道を行い、自ら信ずること篤く、万世にわたって人の批評など顧みない人物だというのである。(以下略)

『伯夷頌』と『独行道』

では、次に武蔵の『独行道』をみてみよう。原文は仮名交じり文だが、仮名に適宜漢字をあて、現代語訳をすると以下のようになろう。

独行道

一　世々の道を背く事無し　　人道(人の行うべき正しい道・道義)に背くことはない

一　身に楽しみを企まず　　自分のために娯楽を企てない

一　万に依怙の心無し　　万事に私利の心はない

一　身を浅く思〔ひ〕、世を深く思ふ
自分のことを浅く、世（世間）のことを深く考える

一　一生の間、欲心思わず
一生の間、欲心（貪り）は考えない

一　我が事において後悔をせず
自分がやってきた事について後悔をしない

一　善悪に他を妬む心無し
よくも悪くも、他人を妬む気持はない

一　何れの道にも別れを悲しまず
どのような状況にあっても別れを悲しむことはない

一　自他共に恨み託つ心無し
自他共に恨み、愚痴をいう気持ちはない

一　恋慕の道思いよる心無し
恋慕の道（「色恋の道」）は考えることもない

一　物事に好き（数奇）好む事なし
物事で格別に好むことはない

一　私宅において望む心無し
私宅について〔あれこれ〕望む（願う）気持ちはない

一　身一つに美食を好まず
身一つのことに、〔あえて〕美食は好まない

一　末々代物なる古き道具を所持せず
末代物のような古い道具は所持しない

一　我が身に至り、物忌みする事なし
自分にかぎって、不吉として忌むことはない

一　兵具は各別、余の道具を嗜まず　　兵具は例外として、他の道具に嗜みはない

一　道においては死を厭わず思ふ　　道を貫くためには、死を厭わないと考える

一　老身に財宝所領用ゆる心無し　　老いの身に、財宝や所領には関心がない

一　仏神は貴し、仏神を頼まず　　仏神は貴い、〔しかし〕仏神を頼らない

一　身を捨ても、名利は捨てず　　命を捨てても、名誉は捨てない

一　常に兵法の道を離れず　　常に兵法の道を離れない

（以下異筆）

正保弐年

五月十二日　新免武蔵

玄信（花押）

〔額印〕「二天」

寺尾孫之丞殿

『伯夷頌』と『独行道』の相違点・共通点

さて、こうして比べると、韓愈の『伯夷頌』にみる格調の高さ、精神の高貴さ、伯夷・叔斉の「義」についての信念の剛《つよ》さには、武蔵の『独行道』はとうてい及ばないようにみえる。たしかに、武蔵が晩年の無欲な心境を淡々とかなで書き綴った『独行道』

には、『伯夷頌』にみられる突きつめた生き方とは異質な印象がある。韓愈は伯夷・叔斉を千年、百年に一人出るかどうかと讃えたのに対し、武蔵は淡々と晩年の心境を綴っているのだから、方向性が違っていてそれは当然であろう。しかし、俗を離れ、信念を貫き孤高に生きるという気持ちには一脈相通じるものがある。とくに『独行道』の「道においては死を厭わず思ふ」「身を捨てても、名利は捨てず」などはその感が強い。また、内容はかな書きにもかかわらず、表題に『独行道』と漢語を用いているところに、どこか『伯夷頌』冒頭の「特立独行」を意識していたことを感じさせる。

伯夷・叔斉への憧れ

おもうに、武蔵は伯夷・叔斉の生き方に強い憧憬の念を抱いていたのではないか。伯夷・叔斉が、聖王と讃えられた周の武王に諫言《かんげん》したように、武蔵もまた、一国一城の主に対して憚ることなく直言したかったのではないか。いったん禄を受け、家臣団に組み込まれてしまえば、身分を越えての直言は難しくなる。伯夷・叔斉への憧れ、それが武蔵を終生仕官させなかった最大の理由ではなかったか。

漢学の素養

これらの漢籍を読み、「戦気」をみておもうのは、「小倉碑文」に、「礼・楽・射・御・書・数・文に通ぜざる無く、況《いわん》や小芸・巧業、殆《ほとん》ど無為にして為《な》さざるは無きか。蓋《けだ》し大丈夫の一体なり」と書かれていることで、この件《くだ》りは文飾ではなく、武蔵は漢籍にも通じていたということを感じさせるのである。林羅山との交友を想わせる水墨画(岡山県立美術館蔵周茂叔図)および肖像画賛、あるいは細川忠利から足利道鑑《あしかがどうかん》とともに山鹿の御茶屋へ招かれたことなどを考えると、たんに兵法家・剣術者としてばかりでなく、武蔵は文武両道に通じていたことをうかがわせる。そして「戦気」や『独行道』は、漢学の素養の片鱗をみせているもののようにおもわれる。

ちなみに「小倉碑文」の文末直前に「(武蔵は)蓋し大丈夫の一体なり」とあるのは、『孟子』「滕文公章句下」に「此れを之れ大丈夫と謂ふ」とあるのを踏まえたのかもしれない。

3　五方之太刀道

結論的に言えば、既述のとおり、『五方之太刀道』は武蔵に仮託した偽作と考えているが、あまりにも有名なものなのでいま少し触れておきたい。

さて、『五方之太刀道』は、奥書などの手がかりや根拠がないにもかかわらず、文末に「因為之序」(因って之がために序す)とあることから、かつて「兵法三十五箇条序」や「五輪書序文」などとも呼ばれ、諸説があった。『五輪書』の序文として書かれたとの伝承は、「春山に雌黄（添削）を依頼した」という伝承の発生源『武公伝』の信用性や、『五輪書』執筆の状況（病気のため「空の巻」は未完成）、などを考えると、史実とは考えにくい。

二天一流兵法の優位性や心構えなどを謳いあげてはいるようにみえるが、文意も晦渋すぎて、誰のために、どのような目的で書かれたのかよくわからない。寺尾信行が返り点と簡単な送り仮名を付けたものを、寛文六年（一六六六）に弟子に与え、さらに信行の五男新免弁助信盛と豊田正剛とが、それぞれに十八世紀に書き下しと注釈をつけたものという写本もあるが、この伝承についても確証に欠ける。

『独行道』に似せた筆跡

筆跡はとくに『独行道』に意識的に似せてあり、写真版などでみると同一人の手になるかとおもわれそうであるが、よくみると文字間の流れが異なり、自然な滑らかさがみられない。また、料紙はヤケているので古びてみえるが、皺などの状況からみると比較的新しい。結局、後世別人によって武蔵の書体に似せて作られたものとみられる。このため、武蔵の原作があったかどうかもわからないが、現物（熊本県立美術館蔵）は熊本の二天一流の系譜の中で、武蔵に仮託して作られたものではないかとおもわれる。

二通の書状について

二通の書状の内容については、書状として当然のことながら、これらは有馬直純、長岡佐渡守興長《おきなが》という特定の個人にみられることを意識したものである。また、おそらく書状を届けた使者が書面にはみえないことを口上で述べたものとおもわれ、有馬直純宛の書状などは、本文のみでは内容を完全には理解しがたいが、目的は戦場における目撃証言（「挊《かせぎ》証状」）としての役割が主であったとみられる。また、長岡佐渡守興長宛ての書状も、発見当時すでに掛幅になっていたが、武蔵はこのような形で我々の目に触れることなど考えもしなかったのではなかろうか。

武蔵の書とは

これら武蔵の書は、くねりのある筆癖のはっきりした書体で、書状や『独行道』ばかりでなく、多少とも鑑賞されることを意識して書かれた「戦気」にも通ずるものであるが、けっして達筆とはいいがたく、またとくに何々流という書法を学んだらしい跡は見受けられないようにおもう。むしろ、気どりのない筆癖は武蔵の書の個性といってよいかもしれないが、水墨画の場合と同じように、剣術家・武蔵に寄せられがちな「剛《つよ》い」イメージとは必ずしも一致しないようにおもわれる。

四　工芸

武具への関心

武蔵が書画ばかりでなく、武具その他の工芸にも関心が深かったことは、『独行道』の中に「一　兵具は各別、余の道具を嗜まず」とあり、『五輪書』「地の巻」の初めの方に「三は士の道。武士にあっては、さまざまな武器・武具をつくり、その利点や用法をよくわきまえていることこそ武士の道というものであろう。武器の用法を習得せず、それぞれの武器の利点をも知らないというのは、武士としては少々たしなみの浅いことではないか」とあることからもうかがえる。

現在、松井文庫に伝わる鞍や木刀、そのほか武蔵拵《こしらえ》と呼ばれる刀装および武蔵鍔など、多くの伝承作品がある。しかし、私にはこれらの真贋などについて論ずる素養がないので、ここではその点を指摘するにとどめたい。

なお、「小倉碑文」中にみえる「礼・楽・射・御・書・数・文に通ぜざる無し。況や小芸・巧業、殆ど無為にして為さざるは無きか」の巧業は、今日いうところの工芸や細工を指すものとおもわれる。

第七　武蔵の肖像画

最も優れた肖像画

宮本武蔵の肖像画といえば、熊本市の島田美術館のものが最も有名で、作も優れている。この図様とは異なる各種の武蔵像があるが、肖像画というより「武蔵のイメージをもとに創作された武蔵の図」というべきものなので、ここでは林羅山の「新免玄信像賛」と島田美術館本を中心に、宮本武蔵の肖像画について考えたい。

一　林羅山の武蔵像賛

『羅山文集』

林羅山が武蔵の像に次のような賛を書いたことは広く知られている。『羅山文集』に載せられている賛を掲げる。

新免玄信像賛石川左京某求之板坂卜斎為之价

旋風打連架打者異僧之妄語也、袖裏青蛇飛而下者方士之幻術也、剣客新免玄信毎一手持一刀、称曰二刀流、其所撃所叉捔、縦横抑揚、屈伸曲直、得于心応于手、撃則摧攻則敗、可謂一剣不勝二刀、誠是非妄也非幻也、庶幾進可以学万人敵也、若推而上之、則淮陰長剣不失漢王左右手、以小譬大豈不然乎

読み下しは次のとおりである。

旋風打・連架打は、異僧の妄語也。袖裏の青蛇飛て下るは、方士の幻術也。剣客新免玄信は、一手毎に一刀を持し、称して二刀流と曰ふ。其の撃つ所叉捔《さかく》する所、縦横抑揚、屈伸曲直、心に得ては手に応ず。撃てば則ち摧《くだ》き、攻れば則ち敗る。謂つべし、一剣は二刀に勝たずと。誠に是れ妄に非ず也《また》幻に非ざる也。庶幾《ねがわく》は進んで以て万人の敵を学ぶべき也。若し推して之を上《のぼ》さば、則ち淮陰《わいいん》の長剣、漢王左右の手たるを失はずと。小を以て大に譬《たと》ふ、豈《あ》に然《しか》らざらんか。

『臨済録』の禅僧普化

まず、書出しの「旋風打連架打者異僧之妄語也」は、『臨済録』にみえる禅僧普化《ふけ》についての次の箇所を踏まえたものである。

因普化、常於街市揺鈴云、「明頭来、明頭打、暗頭来、暗頭打、四方八面来、旋風打、虚空来、連架打」、師令侍者去、纔見如是道、便把住云、総不與麼来時如何、普化托開云、来日大悲院裏有斎、侍者回、挙似師、師云、我従来疑著這漢

読み下しは次のとおりである。

因《ちな》みに普化、常に街市に於いて鈴を揺《ふ》って云く、「明頭に来たれば明頭に打し、暗頭に来たれば暗頭に打し、四方八面に来たれば旋風もて打し、虚空に来たれば連架《れんか》もて打す」と、師（臨済）侍者をして去《ゆ》いて、纔《わずか》に是如《かくのごと》く道《い》うを見て、便《すなわ》ち把住して云わしむ、総に与麼《よも》に来らざる時は如何《いかん》、普化托開して云く、来日大悲院裏に斎《とき》有り、侍者回《かえ》って、師に挙似《こじ》す、師云く、我れ従来這《こ》の漢《かん》を疑著《ぎじやく》す

名訳

この「明頭来、明頭打、……連架打」内の訳には、「それが明で来れば明で始末し、暗で来れば暗で始末する。四方八方から来れば旋風のように応じ、虚空から来れば釣瓶打ちで片付ける」（入矢義高訳注『臨済録』岩波文庫）や、「明で来れば、その明を打ち砕いてやる。暗で来ればその暗を打ち砕いてやる。四方八面どこからでもやって来い、片っ端から皆打ち砕いてやる。虚空から来れば、続けざまに打ち砕いてやる」（西部文浄『茶席の禅機画』淡交社）などの名訳がある。

羅山の断言

しかし羅山は、この威勢のいい普化の言動を「異僧之妄語」、つまり「怪しげな僧の大嘘」だと断ずるのである。

呂洞賓を詠んだ詩

ついで「袖裏青蛇飛而下者方士之幻術也」というのは、『全唐詩』や「元曲」などに

みえる中国八仙人の一人・呂洞賓《りよどうひん》を詠んだ次の詩を踏まえたものである。この詩にはいくつかの異本があり、語句に多少の異同もある。詩は、

朝遊北越暮蒼梧　　朝に北越に遊び、暮には蒼梧
袖裏青蛇胆気粗　　袖裏の青蛇、胆気粗なり
三酔岳陽人不識　　三たび岳陽に酔えども、人識らず
朗吟飛過洞庭湖　　朗吟して、飛過す洞庭湖

である。直訳すれば「呂洞賓は仙術によって朝は北越（越国の北の地方）に遊び、暮れには蒼梧《そうご》（湖南省藍山《らんざん》県にある山。九嶷山《きゆうぎさん》ともいう）に行った。袖に持った青蛇の気力はあらあらしい。三回岳陽で酔ったがそのことを誰も知らなかった。朗々と吟じながら洞庭湖を飛び過ぎた」ということになろう。そして二句目の「袖裏の青蛇」とは、呂洞賓の持つ剣のことであり、呂洞賓がその剣で咬龍を退治して民を助けたという故事を指し、その剣のもつ威力が強いことを象徴しているのである。が、羅山は、これも「呂洞賓の持つ剣などというのは方士（仙人）の幻術にすぎない」と切り捨てるのである。それから、あらためて武蔵の剣術（一分の兵法）について次のように評する。

武蔵の剣術への賛

剣客新免玄信は、一手毎に一刀を持し、称して二刀流と曰ふ。其の撃つ所叉捔する

（刺す）所、縦横抑揚、屈伸曲直、心に得ては手に応ず。撃てば則ち摧き、攻れば則ち敗る。謂つべし、一剣は二刀に勝たずと。誠に是れ妄に非ず也幻に非ざる也。

要するに、「剣客の新免武蔵玄信は、一手ごとに一刀を持ち、二刀流と称した。その撃つ所や突き刺すところは、縦横無尽思いのままで、打ちかかればすぐに打ち砕き、攻めかかれば必ず破った。一刀は二刀には勝てないということである。これは嘘でもなく幻でもない」と、羅山は、武蔵の兵法を讃えているのである。

武蔵の兵法への賛

最後の結びは、『史記』九十二や『漢書』「韓信《かんしん》伝」などにみえる韓信の故事を踏まえて、武蔵の兵法（大分の兵法）を次のように讃えるのである。

庶幾《ねがわく》は進んで以て万人の敵を学ぶべき也。若し推して之を上さば、則ち淮陰の長剣、漢王左右の手たるを失はずと。小を以て大に譬ふ、豈に然らざらんか。

意訳すれば、「願わくはさらに進んで万人を敵とする法（大分の兵法）を学び、大軍を動かす兵法とすべきである。これから類推されるのは淮陰の長剣（韓信）が、漢王（劉邦《りゅうほう》）左右の手（丞相《じょうしょう》蕭何《しょうか》と大将韓信）たるを失わなかったという故事である。小を大に譬えれば、実にこんなものではないか」といったことになろう。この故事は要約すると、劉邦が韓信を冷遇したため、韓信は劉邦のもとを去ったが、蕭何は韓信の非凡な才を認めていたので追いかけてきて連れ戻し、劉邦に韓信の才を説いたので、韓信は大将軍となり、劉邦のために大いにその才を発揮したことをいう。つまり、秦が滅んだのち劉邦は、宿敵項羽を倒し、漢を建国するが、これには韓信と蕭何が劉邦の左右の腕として大きな役割を果たしたことを指しているのである。ここでも羅山は、漢王＝劉邦が一度は失いかけた淮陰の長剣＝韓信、および蕭何のことを踏まえて、武蔵の二刀流および大の兵法を比喩的に讃えているのである。

羅山の賛は、以上のように中国の故事を踏まえて武蔵の兵法（一分の兵法と大分の兵法の両方）を大いに称讃している。まさに賛＝讃である。

割注からみえる依頼者

ところで『羅山文集』武蔵像賛の割註に、

石川左京某求之　石川左京《いしかわさきょう》某之を求む

板坂卜斎為之价　板坂卜斎《いたさかぼくさい》之《これ》が為に价《なかだち》す

とある。この註は石川左京が板坂卜斎を介して、羅山に武蔵像の賛を依頼してきたといういきさつを書いているのである。

石川左京の依頼

石川左京なる人物は、武蔵壮年期の姫路における弟子の一人と伝えられる石川主税《ちから》の一族ではないかとみられる。そして寛永《かんえい》八年（一六三一）、姫路城主本多忠政《ほんだただまさ》の歿後、二男本多甲斐守政朝《まさとも》が同家を相続して姫路城主となったおり、政朝が江戸から姫路の重臣に送った書状の宛名の一人に「石川左京殿」という名がみえる。『羅山文集』にみえる石川左京は、この本多家に仕えていた左京のことで、武蔵壮年期の弟子の一人とみられる。

板坂卜斎の取り次ぎ

この石川左京の依頼を取り次いだのが、板坂卜斎である。卜斎（二代目、一五七八〜一六五五）は、江戸時代前期の医師である。天正《てんしょう》六年生まれ。初代板坂卜斎の子。吉田宗《よしだそう》桂《けい》・宗恂《そうじゅん》、施薬院宗伯《やくいんそうはく》に学び、徳川家康、秀忠、紀州徳川頼宣《よりのぶ》に仕え、また江戸に帰って家光に仕えて名声を得た。晩年は隠居して浅草に住み、書籍を集め「浅草文庫」と称して蔵書を公開した。明暦《めいれき》元年（一六五五）十一月十二日死去、七十八歳であった。号は別に如春、東赤がある。墓碑は林信篤《のぶあつ》（林羅山の孫）撰。

羅山とは

賛者林羅山（一五八三〜一六五七）は、いうまでもなく江戸初期の儒学者である。京都に生まれ、建仁寺で禅を学び、慶長《けいちょう》九年（一六〇四）藤原惺窩《ふじわらせいか》について朱子学を学び、徳川家康をはじめ四代の将軍に仕えた。寛永七年（一六三〇）家光より上野忍岡《しのぶがおか》に土地を寄進されて学寮を建設し、幕政への参与の道を開いた。武蔵六十二歳説をとれば武蔵より一歳年長で、十二年ほど長生きした。

肖像画が描かれた時期

では、この肖像画はいつ頃描かれたのか。ここには年代の手がかりは何も書かれておらず、現物もないので様式的検討もできない状況にある。が、武蔵筆の水墨画「周茂《しゅうも》叔図《しゅくず》」（岡山県立美術館蔵）に羅山が賛を書いたものがあることから、武蔵と羅山は旧知の間柄で、この肖像画は武蔵壮年期に描かれたとみる説もある。しかし、武蔵と羅山が旧知であったからといって、肖像画が壮年期の作という根拠にはならない。そこで、まず一般的な肖像画の制作についてみていこう。

寿像と遺像

近世以前の日本の肖像画は、像主の歿後、像主を師表と崇め、また恩人・父祖を追慕し、香華を捧げ礼拝・供養するための宗教的な意味合いの強いものであった。そして肖像画は、像主の生前に描かれる「寿像《じゅ》」と、歿後に描かれる「遺像《い》」（「追慕像」ともいう）に分けられる。寿像は多く禅宗における頂相《ちんぞう》（師から正しく法を嗣いだ証とされる師僧の肖像画）にみられるほか、像主の記念すべき祝事などの折りに描かれたが、俗人の寿像はきわめて少ない。遺像は、像主亡き後あまり年月を隔てず描かれ、年忌法要などの際に、床に掛けられ供養の対象とされた。

賛の形式

絵の上部に書かれる賛は、頂相の場合は原則として師僧の自筆であり、遺像の場合は像主ゆかりの禅僧などに依頼される場合が多い。賛文は漢文体で書かれることが一般的だが、ときには和歌など、かな書きのものもある。

また、例外もあるが、寿像は原則として顔の向きが向かって右向きに描かれ、賛は普通に右の行から始まる。これに対し、遺像の顔は向かって左向きに描かれ、賛は左の行から始まり、文末が右になる。この原則は無著道忠著『禅林象器箋《しょうきせん》』に頂相の形式について記されていることだが、大名の肖像画など、俗人の肖像画にも広く応用されている。

さらに、制作の過程で作られた下絵をもとに、複数の肖像画が描かれる場合があるが、顔以外（服装など）の細部には違いがみられることも少なくない。以上はごく一般的な肖像画制作の原則であり、当然例外もある。

武蔵肖像画は遺像か

では、武蔵の肖像画はどうか。羅山文集の記述からは、画像が右を向いていたか左を向いていたかはわからない。しかし、これが仮に頂相のように「兵法継承の証」であったとしたら、かつまた武蔵生前であったならば、賛は武蔵自筆というのが最もふさわしく、板坂卜斎をつうじて林羅山などに賛を依頼するのは不自然である。また、いくつかの写本にみられるように、熊本市の島田美術館本と同様に、向かって左向きの絵であったならば、遺像の確率が高くなる。

「小倉碑文」から

もとより、実際の制作時にはさまざまな事情があったかもしれず、断定はできないが、稀代の兵法者であったとはいえ、俗人の武蔵が寿像を描かせただろうか。ここで想起されるのは、「小倉碑文」の末尾である。最期の時を迎えた武蔵は、「時に自ら天仰実相円満之兵法逝去不絶の字を書し、以て言へり、遺像と為せと」と遺言したのである。ということは、暗に武蔵の寿像はなかったと言っているようにみえ、兵法継承の証としての肖像画はなかったようにみえる。

羅山の賛文から

また、すでにみたように羅山の賛文には、「剣客新免玄信は、一手毎に一刀を持し、称して二刀流と曰ふ、……謂つべし、一剣は二刀に勝たずと……」とあり、いかにも武蔵は二刀流だから一刀に勝てたのだというように書かれている。しかしながら、武蔵は自流を「二天一流」または「二刀一流」と称したが、常に二刀を使って戦ったのだろうか。晩年に書いた『五輪書』では、既述のとおり、両手を自由に使えるようにする鍛錬のために二刀を使い習わせると言っているだけである。とすると、羅山は「武蔵は二刀流」という世評が固定化してしまった後、あるいは石川左京が描かせた肖像画が、島田美術館本と同様の図柄（二刀・左向き）であったから、絵に合わせてこの賛を書いたのかもしれない。このことからも遺像の可能性は高くなる。

石川左京の状況から

また、石川左京は本多家での家格は高く、武蔵流兵法の伝授者であることが、社会的地位にとくに有利であったともおもえない。つまり、左京は武芸で身を立てる必要などなかったとおもわれる。とすれば、この肖像画は、兵法継承の証というよりは、かつて師事した武蔵を追慕・供養するために制作させた肖像画、すなわち遺像であったようにおもわれるのである。

さらに、羅山が中国の故事を援用して、最大級の賛辞を連ねていることもまた、旧知の武蔵を追懐してのことではなかったかとおもわれる。

「武蔵像賛」の成立期

以上のようなことから、『羅山文集』に記された「武蔵像賛」は、武蔵が亡くなった正保《しょうほう》二年（一六四五）五月から、林羅山の亡くなった明暦《めいれき》三年（一六五七）の間、さらにその二年前の板坂卜斎が亡くなる明暦元年（一六五五）十一月までの間、つまり正保二年〜明暦元年（一六四五〜五五）で、それも武蔵歿後あまり年月を隔てない時期に、江戸で著賛された可能性が高い。

二　島田美術館の武蔵像

江戸狩野派による武蔵像

熊本市の島田美術館蔵の武蔵像は、かつて二天一流の寺尾家（孫之丞《まごのじょう》系は断絶していたので、弟の求馬助《もとめのすけ》信行系であったとみられる）に伝世し、「武蔵自画像」と伝えられてきたものである。もとより自画像ではなく、江戸狩野派のしかるべき絵師の筆と判断される。画面右下に絵師の印らしき痕跡が認められるが、故意に抹消されたらしく、印文を判読できないのが惜しまれる。

特徴

構図、描線、彩色ともに的確で、とくに面貌描写は優れ、「武蔵晩年」の為人《ひととなり》をよく描ききっている。黒目を実際よりかなり小さく描くことによって眼光の鋭さを強調しているのは、絵師の表現力のしからしむるところであろう。着衣の輪郭線や皺の描線、結び紐、刀の拵《こしらえ》にいたるまで破綻がなく、オリジナルの持つ迫真性を備えている。

着衣の色について

着衣は、赤地の胴肩衣《どうかたぎぬ》には朱の下地に丹で斜格子文が描きこまれ、白い小袖を着けたようにみえるが、腰の周りには薄く三本ずつ並んだ横線が見えるなど、細部までゆるがせにしていない。この肖像画の写しとみられるものが数点知られ、福岡市東林寺本や刀剣博物館蔵のものなどには、着物を青色に描いているものがある。おそらく島田美術館本も、もとは青く（浅黄色で文様なども描かれ）彩色されていたのであろう。現在はわずかに青く見えるが、絵具が剝落して下地の胡粉《ごふん》が多く残っているので、白く見えるのである。

上部の余白にはしかるべき賛が予定されていたとみられるが、著賛をみないまま今日に伝えられたのである。ここに武蔵自筆の賛でもあれば、この肖像画は寿像で、兵法継承の証とみることも可能であろう。しかし、先にみたように、向かって左向きの肖像画であり、これだけ筆力のある絵師は、当然肖像画の「向き」についての知識や関心もあったであろうから、遺像の可能性は高く、武蔵ゆかりの誰かが武蔵を追慕し、供養・礼拝するために描かせたものとおもわれる。

同様に、以上のことから推して、羅山著賛の武蔵像は、羅山が、島田美術館本と同時に描かれた絵の上部に、左側から賛を書き付けたもの、イメージとしては福岡市・東林寺本のようなもので、武蔵歿後間もなく描かれた遺像であったと考えられよう。東林寺本は、あるいはその原本を写したのかもしれない。

おわりに

本書でみてきたところを振り返ると、武蔵は天正《てんしょう》十二年（一五八四）、播磨国揖保《いぼ》郡太子町宮本村に生まれ、幼くして美作《みまさか》出身の新免無二《しんめんむに》の養子となったものらしい。が、決定的な史料はなく、生年・年齢は『五輪書《ごりんのしょ》』から逆算したものである。なお、「宮本家系図」は、天正十年生、享年六十四とし、養子伊織《いおり》とは叔父・甥の関係にあったとするが、系図自体の成立時期の問題や傍証資料に欠けることから、信憑性が問題視されている。

武蔵の武者修行は、『五輪書』によれば、十三歳で新当流の有馬喜兵衛、十六歳で但馬国の秋山某に勝ち、以来二十八、九歳までであったという。しかし、今日もっとも有名な「吉岡一門との決闘」や「巌流島の決闘」は、すでに「小倉碑文」以来、虚構があるとみられ、決闘そのものはあったのかもしれないが、真相はよくわからない。

戦陣についても不明な点が多い。関ヶ原合戦では、東軍の黒田如水勢として豊後国で大友攻めに加わったとする『兵法《へいほう》大祖《たいそ》武州《ぶしゅう》玄信《げんしん》公《こう》伝来《でんらい》』を支持する意見がやや優勢である。大坂夏の陣では徳川方の水野勝成《みずのかつなり》軍に加わり、水野家中の中川志摩之助と知り合い、のちにその三男三木之助とその弟九郎太郎を養子とする機縁となった。さらに後年には、島原の乱に小笠原忠真《おがさわらただざね》の甥の信濃守長次《ながつぐ》の後見として出陣したことが、縣《あがた》（延岡）藩主有馬直純《ありまなおずみ》宛ての書状（捍《かせぎ》の証状）などからも知られている。

壮年期の武蔵は、故郷に近い姫路や明石で譜代大名の本多家や小笠原家とかかわった。本多家には養子三木之助を仕官させ、小笠原家には養子伊織が仕え、武蔵は明石城下町の町割りや庭園などの造営にあたったという。この間、姫路や龍野には武蔵流兵法（円明流）の弟子が多くいて、後年、林羅山《はやしらざん》に武蔵肖像画の賛を依頼した石川左京もその一人であったとみられる。寛永《かんえい》七年（一六三〇）から三年ほど名古屋に滞在したとも伝えられるが、残念ながら史料的裏づけはない。

寛永九年（一六三二）五月、熊本藩の加藤忠広《かとうただひろ》が改易となり、出羽の庄内に配流となったのを受けて、同年十二月、熊本には小倉から細川忠利《ほそかわただとし》が転封となり、小倉には明石から小笠原忠真が入った。このとき武蔵も、伊織と共に小倉に移ったとみられているが、小倉時代の武蔵の動向は、島原の乱出陣以外は知られていない。

なお、武蔵の種々の教養は、武者修行時代に身につけたとする説も多いが、実際にはこの頃高められたのではあるまいか。

寛永十七年（一六四〇）七月、武蔵は終焉の地熊本に至った。これは藩主細川忠利の招きに応じたものとの見方があるが、これも確かな史料はない。ただし、その後、武蔵が細川忠利や光尚《みつなお》から客分として厚遇されたことは、細川家史料などによって十分うかがい知ることができ、家老の長岡（松井）佐渡守興長《おきなが》や同寄之《よりゆき》との親密な交友には、格別なものがあったことがわかる。武蔵の病中は藩主自ら気遣いを見せ、歿後の葬儀が藩祖の菩提所泰勝院の住持大淵玄弘《だいえんげんこう》によって営まれたことなど、まさに国賓待遇であったようにみえる。

ところで、武蔵といえば二刀流と考えられてきた感があるが、武蔵が実際に二刀流で戦ったという記録はない。『五輪書』によれば、両手を自在に使えるよう鍛錬するための手段であったようにみえる。武蔵＝二刀流といった画一的な見方は再検討すべき時に来ているのではなかろうか。

また、武蔵は早くから『兵道鏡《ひょうどうきょう》』『兵法《ひょうほう》三十五箇条』などの兵法書の著作に着手し、集大成として『五輪書』を完成したかのように、いわば予定調和的に語られてきた。しかし、最晩年に書かれた『五輪書』序文に「……数年鍛練之事、始て書物に顕さむと思……」とあることからみて、『五輪書』以前に兵法書を書いたというのは論理的に決定的な矛盾を抱えている。しかも『五輪書』以前に書かれたという兵法書には、現在まで信頼すべき写本は一本も発見されていないのである。この問題は、信頼するにたる九州大学蔵『五輪書』写本、および付属文書を確認したことにより、他の兵法書は後世の武蔵流の継承者たちによって、武蔵に仮託して作り上げられたものという結論にいたった。つまり、数々の兵法書は、「二天一流兵法相伝書」としての必要性や権威づけなどのために作られたとしか考えられないのである。

また、武蔵は苗字に「宮本」と「新免」を使っているが、武家としては宮本、兵法家としては新免を使い分けていたようにみえる。確証はないが、仮説として呈示しておきたい。

さらに、『五輪書』や『独行道《どっこうどう》』、水墨画などにみえる武蔵の思想、とくに朱子学的教養の問題など、武蔵の「文」の面については新たな光をあてられたのではないかとおもう。従来、武蔵といえば、「剣禅画一如」などと、まことしやかに語られてきたが、遺墨からみると、あらためて注目すべきは「朱子学的教養」ではないかとおもう。武蔵と禅とのかかわりを否定するつもりはないが、朱子学的教養についても注意を払うべきであろう。

宮本武蔵の生涯や人物像について、確かな史資料を軸にたどってきたが、すでに何冊かの武蔵関係の書物を読んでこられた読者諸氏には、そこかしこに受け容れがたい違和感や読後感が残ったのではないかとおもう。それは、これまでの多分に英雄史観的武蔵研究が、〈武蔵伝〉の呪縛を克服できていなかったからだとおもわれる。

本書ではまず、その呪縛から逃れるために〈武蔵伝〉には依拠しないことを前提とした。結果として、〈武蔵伝〉の出発点となった「小倉碑文」の成立事情とその虚構性も明らかにできたようにおもう。これまでも部分的に「小倉碑文」の虚構性を指摘した研究はあったが、碑文の撰述に寺尾孫之丞《てらおまごのじょう》が深くかかわったことを看破したものはなかった。このために「泊《とまり》神社棟札」や『五輪書』などとの矛盾や齟齬を、顕彰碑ゆえの文飾と考え、三者間のちがいに疑問を呈しつつも、曖昧なままにしてきたのである。

一方、残念ながら〈武蔵伝〉に記載されている数々の武勇伝や逸話—ここにも当然一抹の真実が含まれているであろう—については、いちいち検証するにたる史資料はみいだせず、断念せざるをえなかった。

それにしても虚像の解体に多くのエネルギーを割かれた。〈武蔵伝〉は自流の権威づけのために武蔵を英雄に仕立て上げてきたが、これについては「小倉碑文」や「泊神社棟札」を丹念に読み込む過程で重要なヒントを得ることができた。しかし、漢文の読解力に乏しく漢学の素養のない私にとって、従来の諸説と対決するのは、まさに素手で武蔵に立ち向かっているような心地であった。今も自信があるわけではなく、史料の誤読や誤解の少ないことを祈るのみである。とくに付録として「小倉碑文」の全文を掲げ、読者諸氏の批判を仰ぐ所以でもある。

武蔵像の再構成というにはほど遠く、「日暮れて道なお遠し」の感が多く残っているが、従来の武蔵像とは異なる等身大の武蔵像が、やっとみえはじめてきたようにもおもう。なお、『五輪書』全文はすでに公にしているので、そちらを披閲賜れば幸いである。

付録　小倉碑文

（上部）

天仰実相円満兵法逝去不絶

〈読み下し〉

天には、実相円満の兵法の逝去するも絶えざることを仰げ。

（右側上部）

兵法天下無双

〈読み下し〉

兵法天下無双

（同下部　原文は左行よりおこる）

播州赤松末流新免武蔵玄信二天居士碑
　正保二乙酉暦五月十九日於肥後国熊本卒
　　于時承応三甲午年四月十九日孝子敬建焉

播州赤松末流新免武蔵玄信二天居士碑
　正保二乙酉暦五月十九日、肥後国熊本に於いて卒《シュッ》す。
　　時に承応三甲午年四月十九日、孝子敬《つつし》んでこれを建つ。

（本文）

臨機応変者良将之達道也。講武習兵者軍旅之用事也。游心於文武之門、舞手於兵術之場、而逞名誉人者其誰也。播州英産赤松末葉、新免之後裔武蔵玄信、号二天。想夫天資曠達、不拘細行、蓋斯其人乎。為二刀兵法之元祖也。父新免号無二、為十手之家。武蔵受家業、朝鑽暮研、思惟孝索、灼知、十手之利倍于一刀、甚以夥矣。雖然、十手非常用之器、二刀是腰間之具。乃以二刀為十手理、其徳無違。故改十手為二刀之家。誠武剣之精選也。或飛真剣、或投木戟、北者走者不能逃避。其勢恰如発強弩、百発百中、養由無踰于斯也。夫惟得兵術於手、彰勇功於身、方年十三而、始到播州新当流与有馬喜兵衛者、進而決雌雄、忽得勝利※。十六歳春到但馬国、有大力量兵術人名秋山者。又決勝負、反掌之間、打殺其人、芳声満街。後到京師、有扶桑第一之兵術吉岡者。請決雌雄彼家之嗣清十郎、於洛外蓮台野、争龍虎之威。雖決勝敗、触木刃之一撃、吉岡倒臥于眼前而息絶。予依有一撃之諾、補弼於命根矣。彼門生等助乗板上去、薬治温湯漸而復、遂棄兵術雉髪畢。而後吉岡伝七郎又出洛外決雌雄。伝七袖于五尺余木刃来。武蔵臨其機、奪彼木刃撃之、伏地立所死。吉岡門生含寃密語云、以兵術之妙非所可敵対、運籌於帷幄。而吉岡又七郎寄事於兵術、会于洛外下松辺。彼門生数百人以兵仗弓箭、忽欲害之。武蔵平日有知先之才。察非義之働、窃謂吾門生云、你等為傍人、速退。縦怨敵成群成隊於吾視之如浮雲、何恐之有。散衆敵也似走狗追猛獣。震威而皈洛陽。人皆感嘆之。勇勢知謀、以一人敵万人者、実兵家之妙法也。先是吉岡代々為　公方之師範、有扶桑第一兵術者之号。当于霊陽院義昭公之時、召新免無二与吉岡令兵術決勝負。限以三度。吉岡一度得利、新免両度決勝。於是令新免無二賜日下無双兵法術者之号。故武蔵到洛陽、与吉岡数度決勝負。遂吉岡兵法家泯絶矣。爰有兵術達人名岩流。与彼求決雌雄。岩流云、以真剣請決雌雄。武蔵対云、你揮白刃而尽其妙術、吾提木戟而顕此秘。堅結漆約。長門与豊前之際海中有嶋、謂舟嶋。両雄同時相会。岩流手三尺白刃来不顧命尽術。武蔵以木刃之一撃殺之。電光猶遅。故俗改舟嶋謂岩流嶋。凡従十三迄壮年、兵術勝負六十余場、無一不勝。且定云、不打敵之眉八字之間、不取勝。毎不違其的矣。自古決兵術之雌雄人其筭数不知幾千万。雖然於夷洛向英雄豪傑、前打殺人今古不知其名。武蔵属一人耳。兵術威名遍四夷。其誉也不絶古老口、所銘今人肝。誠奇哉、妙哉。力量早雄尤異于他。武蔵常言、兵術手熟心得、一毫無私則恐於戦場領大軍、又治国豈難矣。豊臣太閤公嬖臣石田治部少輔謀叛時、或於摂州大坂　秀頼公兵乱時、武蔵勇功佳名、縦有海之口溪之舌、寧説尽。簡略不記之。加旃、無不通礼楽射御書数文、況小芸巧業殆無為而無不為者歟。蓋大丈夫之一体也。於肥之後州卒。時自書於　天仰実相円満之兵法逝去不絶之字、以言為遺像焉。故孝子立碑以伝于不朽、令後人見。嗚呼偉哉。

（本文読み下し）

臨機応変は良将の達道なり。講武・習兵は軍旅の用事なり。心を文武の門に游せ、手を兵術の場に舞わせて、名誉を逞《ほしいまま》にする人、其は誰ぞや。播州の英産赤松末葉、新免の後裔武蔵玄信、二天と号す。想ふに夫れ天資曠達、細行に拘はらず、蓋し、斯れ其の人か。二刀兵法の元祖為《た》るなり。父新免は無二と号し、十手の家為《た》り。武蔵家業を受け、朝鑽暮研、思惟孝索して、灼《あきらかに》知る、十手の利は一刀に倍し、甚だ以て夥《おびただし》きことを。然りと雖も、十手は常用の器に非ず、二刀は是れ腰間の具なり。乃《すなわ》ち二刀を以て十手の理と為さば、其の徳違い無からんと。故に十手を改め二刀の家と為る。誠に武剣の精選なり。或は真剣を飛ばし、或は木戟を投ずれば、北《にぐ》る者走る者逃避すること能はず。其の勢恰《あたか》も強弩を発するが如く、百発百中し、養由も斯《これ》に踰《こゆ》る無きなり。夫れ惟《おもんみる》に兵術を手に得、勇功を身に彰《あらは》すは、方《まさ》に年十三にして、始めて播州の新当流有馬喜兵衛なる者と進みて雌雄を決するに到り、忽ち勝利を得たり※。十六歳の春、但馬国に到るに、大力量の兵術人、名は秋山なる者有り。又反掌の間に勝負を決し、其の人を打ち殺し、芳声街に満つ。後京師に到るに、扶桑第一の兵術吉岡なる者有り。彼の家の嗣・清十郎と雌雄を決せんことを請ひ、洛外蓮台野に於いて龍虎の威を争ふ。勝敗決すと雖も、木刃の一撃に触れ、吉岡、眼前に倒れ臥して息絶ゆ。予《かね》て一撃の諾有るに依り、命根を輔弼す。彼の門生等、板上に助け乗せ去り、薬治温湯、漸くにして復すも、遂に兵術を棄て雉（薙）髪し畢んぬ。而る後吉岡伝七郎、又洛外に出て雌雄を決す。伝七、五尺余の木刃を袖して来る。武蔵其の機に臨み、彼の木刃を奪ひ之を撃てば、地に伏したちどころに死す。吉岡が門生冤《うらみ》を含み密語して云ふ、兵術の妙を以て敵対すべき所に非ず、籌《はかりごと》を帷幄に運《めぐら》さんと。而して吉岡又七郎、事を兵術に寄せ洛外下松辺に会す。彼の門生数百人、兵仗弓箭を以て、忽ち之を害せんと欲す。武蔵、平日先を知るの才あり。非義の働を察し、窃に吾が門生に謂ひて云く、你等《なんじら》傍人為《た》り、速に退け。縦《たと》ひ怨敵群を成し隊を成すとも、吾に於いて之を視るに浮雲の如し。何ぞ之を恐るゝこと有らんと。衆敵を散ずるや、走狗の猛獣を追うに似たり。威を震ひて洛陽に皈《かえ》る。人皆之を感嘆す。勇勢知謀、一人を以て万人に敵するは、実《まこと》に兵家の妙法なり。是より先、吉岡代々　公方の師範為りて、扶桑第一兵術者の号有り。霊陽院義昭公の時に当り、新免無二を召し、吉岡と兵術の勝負を決せしむ。限るに三度を以てし、吉岡一度利を得、新免両度勝を決す。是に於いて新免無二をして、日下無双兵法術者の号を賜はしむ。故に武蔵洛陽に到り、吉岡と数度勝負を決し、遂に吉岡兵法の家泯《ほろ》び絶ゆ。爰に兵術達人岩流と名のる有り。彼と雌雄を決せんことを求む。岩流云ふ、真剣を以て雌雄を決せんことを請はんと。武蔵対《こた》へて云ふ、你は白刃を揮ひて其妙術を尽せ、吾は木戟を提《ひっさ》げて此の秘を顕はさんと。堅く漆約を結ぶ。長門と豊前の際、海中に嶋有り、舟嶋と謂ふ。両雄同時に相会す。岩流は三尺の白刃を手にして来り、命を顧みず術を尽す。武蔵木刃の一撃を以て之を殺す。電光猶遅し。故に俗、舟嶋を改め岩流嶋と謂ふ。凡そ十三従《より》壮年迄、兵術の勝負六十余場、一として勝たざるは無し。且つ定めて云ふ、敵の眉八字の間を打たずんば、勝を取らずと。毎に其の的を違はず。古より兵術の雌雄を決する人、其の筭《さん》、数ふるに幾千万なるを知らず。然りと雖も夷洛に於いて、英雄豪傑に向かひて、前《すすん》で打ち殺す人、今古其の名を知らず。武蔵一人に属《つく》るのみ。兵術の威名四夷に遍き、其の誉れ也《また》古老の口に絶へず、今人の肝に銘ずる所なり。誠に奇なる哉、妙なる哉。力量・早雄（悍雄）尤も他に異なれり。武蔵常に言へり、兵術手熟・心得して、一毫も私無ければ、則ち恐らくは、戦場に於いて大軍を領し、又国を治るも豈に難からんやと。　豊臣太閤公嬖臣石田治部少輔謀叛の時、或は摂州大坂に於いて　秀頼公兵乱の時、武蔵の勇功・佳名は、縦《たと》ひ海の口・渓の舌有るとも、寧《な》んぞ説き尽さんや。簡《はぶ》き略して之を記さず。　加旃《しかのみならず》礼・楽・射・御・書・数・文に通ぜざる無く、況や小芸・巧業、殆ど無為にして為さざるは無きか。蓋し大丈夫の一体なり。肥之後州に於いて卒《シュッ》す。時に自ら天仰実相円満之兵法逝去不絶の字を書し、以て言へり、遺像と為せと。故に孝子碑を立て、以て不朽に伝へ、後人に見せしむ。嗚呼偉なる哉。

※「夫惟得兵術於手、彰勇功於身、方年十三而、始到播州新当流与有馬喜兵衛者進而決雌雄、忽得勝利」の部分の読み方は、つづく「十六歳春到但馬国、有大力量兵術人名秋山者。又決勝負反掌之間、打殺其人、芳声満街」と続けて読むと、「……彰勇功於身、方年十三而始到播州、新当流与有馬喜兵衛者進而決雌雄、忽得勝利」と区切り、「それ兵術を手に得、勇功を身にあらわすは、まさに年十三にして始めて播州に到り、新当流有馬喜兵衛なる者と進みて雌雄を決し、忽ち勝利を得たり」と読むべきかもしれないが、播州生まれの武蔵が初めて播州に到るというのは矛盾があるので、「……まさに年十三にして、始めて播州の新当流有馬喜兵衛なる者と進みて雌雄を決するに到り、忽ち勝利を得たり」と読んだ。しかし、「新当流与有馬喜兵衛」の部分も文法的には難があり、原文自体に問題がないわけではなく、いまのところ問題点を指摘したうえで以上のように読んでおくことにした。

（本文現代語訳）

機に臨み変に応ずるは良将の達道〈ふむべき普遍的な道〉である。講武〈武をならうこと〉習兵〈練兵〉は軍旅〈軍隊〉のつとめ事である。心を文武の門に游せ、手を兵術の場に舞わせて、名誉を逞《ほしいまま》にする人、それは誰か。播州の英産赤松氏の末葉で、新免氏の後裔である武蔵玄信である。二天と号した。おもうにそれ天資曠達、細行に拘わらない。まさしくこれがその人ではないか。二刀兵法の元祖である。

父新免は無二と号し、十手の使い手であった。武蔵は（新免無二の）家業（十手術）を受けつぎ、朝夕研鑽をつみ、思惟考索して灼《あきらか》に知った、十手の利は一刀に倍し、甚《はなは》だもって夥《おびただし》いことを。しかしながら、十手は日常の武器ではない、二刀は（常に）腰にさしているものである。すなわち二刀をもって十手のように使いこなせば、その徳は違い無かろうと〈考えた〉。故に十手を改めて二刀の使い手となった。誠に武剣の精選であった。あるいは真剣を飛ばし、あるときは木戟を投げれば、逃げる者も走る者も逃げのびることはできなかった。その勢は恰《あたか》も強弩を発するようで、百発百中して、養由（中国春秋時代の弓の名人）もこれを踰《こ》えることはないであろう。

それはかんがえてみれば、兵術を手に得、勇功を身に彰《あら》したのは、方《まさ》に年十三のとき、始めて播州の新当流有馬喜兵衛なる者と進んで雌雄を決するに到り、忽《たちま》ち勝利を得たのである。十六歳の春、但馬国に到ったところ大力量の兵術人、名は秋山なる者がいた。また反掌の間に（簡単に）勝負を決し、その人を打ち殺し、芳声（評判）は街に満ちた。

後京都に到ったところ扶桑（日本）第一の兵術吉岡なる者がいた。彼の家の嗣・清十郎と雌雄を決せんことを請い、洛外蓮台野に於いて龍虎の威を争った。勝敗は決したけれども、木刃の一撃に触れて、吉岡は眼前に倒れ臥して気絶した。あらかじめ一撃だけとの諾（約束）であったので、命根を輔弼した（助かった）。彼の門生らは、（清十郎を）板上に助け乗せて去り、薬治温湯して漸く回復したが、遂に兵術を棄て薙髪してしまった。その後に吉岡伝七郎とまた洛外に出て雌雄を決した。伝七は、五尺余の木刃を袖にして来た。武蔵がその機に臨んで、彼の木刃を奪ってこれを撃つと、地に伏してたちどころに死んだ。吉岡の門生らは冤《うらみ》を含み、密語して（ひそかに語らって）云うには、兵術の妙をもっては敵対できるような相手ではない、籌《はかりごと》を帷幄《いあく》に運《めぐ》らそう（策略をたてよう）と。そうして吉岡又七郎は、事（理由）を兵術（試合）ということにして洛外下松《さがりまつ》辺に会した。彼の門生数百人は、兵仗弓箭をもって、忽ちこれ（武蔵）を殺そうと考えた。武蔵は平日（平生）先を知る才能があり、非義の働を察知し、窃《ひそか》に武蔵の門生にいうには、伱《なんじ》らは傍人（他人）である、速に退け。たとえ怨敵が群を成し隊を成すというとも、私からこれをみれば浮雲のようなものである。どうして恐れることがあろうかと。衆敵を追い散らす様子は、走狗が猛獣を追うのに似ていた。威を震って洛陽（京都）に帰ったところ、人は皆これに感嘆した。勇勢（勇ましいありさま）知謀（巧みなはかりごと）や、一人でもって万人を敵にできるのは、実に兵家の妙法である。これより先、吉岡は代々足利将軍の師範として、扶桑第一兵術者の号があった。霊陽院足利義昭公の時であったが、新免無二を召して、吉岡と兵術の勝負を決させた。限るに三度をもってしたところ、吉岡が一度利を得、新免が両度勝ちを決した。これによって新免無二をして、日下無双兵法術者の号を賜わった。故に武蔵も洛陽に到り、吉岡と数度勝負を決し、遂に吉岡兵法の家は泯《ほろ》び絶えた。

爰《ここ》に兵術の達人岩流と名のるものがいた。（武蔵は）彼と雌雄を決することを求めた。岩流がいうには、真剣をもって雌雄を決することを請いたいと。武蔵が対《こた》えて云うには、伱は白刃を揮ってその妙術を尽くせ、吾は木戟を提《ひっさ》げてこの秘を顕そうと。堅く漆約を結んだ。長門と豊前の際、海中に嶋があって、舟嶋と謂《い》った。両雄同時に相会した。岩流は三尺の白刃を手にして来て、命を顧みず術を尽くした。武蔵は木刃の一撃をもってこれを殺した。電光も猶遅いほどであった。故に俗に、舟嶋を改めて岩流嶋と謂うようになった。

およそ十三より壮年まで、兵術の勝負は六十余場であったが、一つとして勝たないことは無かった。且つ定めて云うには、敵の眉八字の間を打たなければ、勝を取らないと。毎《つね》にその的を違うことはなかった。

古より兵術の雌雄を決した人は、その筭（数）は、数えれば幾千万あるか知れない。しかしながら夷洛（地方にも都）においても、英雄豪傑に向かって、前《すす》んで打ち殺す人は、今古その名を知らない。武蔵その一人に属《つく》るのみである。兵術の威名は四夷（世界）に遍《あまね》き、その誉れはまた古老の口に絶えないし、今の人の肝に銘じる所である。誠に奇なる哉、妙なる哉。（武蔵の）力量・悍雄（あらあらしく勇ましいこと）は尤も他と異なっている。

武蔵は常に言っていた、兵術が手に熟し心に得て、一毫も私無ければ、則ち恐らくは、戦場において大軍を領し、また国を治めることもどうして難しかろうかと。豊臣太閤公の嬖臣《へいしん》石田治部少輔謀叛（関ヶ原合戦）の時、或は摂州大坂における秀頼公兵乱（大坂冬・夏の陣）の時、武蔵の勇功・佳名は、たとえ海のように大きな口、渓川のように絶え間なく語り続けるような舌があっても、どうして説きつくすことができようか。簡《はぶ》き略してこれは記さない。

それだけでなく礼法・音楽・弓術・馬術・書道・算術・詩文など通じないものはなく、いわんや小芸・巧業（工芸や細工など）は、ほとんど何もしないでも出来ないものはなかった。まさに立派な一男子であった。

肥後国において亡くなった。その時に自ら「天仰実相円満之兵法逝去不絶」の字を書いて、遺像と為せといわれた。故に孝子（伊織）は碑を立て、もって不朽に伝えて、後人に見せるのである。嗚呼なんと偉いことか。

略年譜（「宮本家系図」以外は六二歳説であるので、ここでは六二歳説によった）

和暦	西暦	年齢	事績	関連事項
天正一〇	一五八二			六月二日、本能寺の変で織田信長歿
一一	一五八三		宮本武蔵生（宮本家系図）	四月二一日、賤ヶ岳合戦○同二二日、柴田勝家自刃
一二	一五八四	一	宮本武蔵生（五輪書・他）	四月九日、小牧長久手合戦○一二月一二日、家康、秀吉と和睦
一三	一五八五	二		九月九日、秀吉、豊臣姓を許される
一四	一五八六	三		一二月一九日、秀吉、太政大臣任官
一五	一五八七	四		六月一五日、秀吉、キリスト教宣教師の国外退去を命ず○一〇月一日、秀吉、北野大茶会を催す
一六	一五八八	五		四月二日、秀吉、長崎の教会を収公す
一七	一五八九	六		この年、九州等で検地を行う
一八	一五九〇	七		三月〜七月、秀吉、小田原城攻め
一九	一五九一	八		八月二三日、秀吉、来年三月の大陸出兵表明

文禄	一	一五九二	九		一月五日、秀吉、朝鮮出兵を命ず（文禄の役）
	二	一五九三	一〇		七月二七日、秀吉、朝鮮南部に倭城普請を命ず
	三	一五九四	一一		七月二〇日、納屋助左衛門、ルソンより帰る
	四	一五九五	一二		七月一五日、秀次自殺
慶長	一	一五九六	一三	武蔵、新当流有馬喜兵衛に勝つ（五輪書・小倉碑文）	一月二九日、方広寺大仏殿で千僧供養
	二	一五九七	一四		二月二一日、秀吉、朝鮮再派兵の部署を定める（慶長の役）
	三	一五九八	一五		八月一八日、秀吉歿
	四	一五九九	一六	武蔵、但馬国強力の兵法者秋山に勝つ（五輪書・他）	
	五	一六〇〇	一七	武蔵、関ヶ原合戦出陣（兵法大祖武州玄信公伝来）	九月一五日、関ヶ原合戦で東軍勝利
	七	一六〇二	一九	巌流島の決闘（兵法大祖武州玄信公伝来）	
	八	一六〇三	二〇		二月一二日、家康、征夷大将軍に任ぜらる
	九	一六〇四	二一	武蔵、京に上り天下の兵法者（吉岡一門）と勝負して勝つ（五輪書・他）	

一〇	一六〇五	二二		四月一六日、秀忠、征夷大将軍に任ぜらる
一二	一六〇七	二四		二月一七日、家康、諸大名に命じ駿府城修築着工
一三	一六〇八	二五		三月一一日、駿府城修築なり、家康移る
一四	一六〇九	二六		七月二五日、幕府、オランダ船に貿易許可
一六	一六一一	二八		三月二七日、家康、二条城で豊臣秀頼を引見
一七	一六一二	二九	四月一三日、巌流島の決闘（二天記）○一〇月二一日、巌流島の決闘？（沼田家記）	三月二一日、幕府キリシタン禁令を出す○宮本伊織生（〜一六七八）
一八	一六一三	三〇	巌流島の決闘はこの年か（木下延俊慶長日記）	寺尾孫之丞生（〜一六七二）
一九	一六一四	三一		一〇月一日〜、大坂冬の陣○一二月二〇日、講和
元和一	一六一五	三二	大坂夏の陣に出陣（大坂御陣御人数附覚他）	四月六日〜、大坂夏の陣○五月七日、大坂城落城
二	一六一六	三三		四月一七日、家康歿○八月八日、再びキリスト教禁令
三	一六一七	三四	この頃、武蔵、姫路本多家とかかわるか	
四	一六一八	三五	この頃、養子三木之助、本多忠刻の児小姓に出仕	八月一〇日、熊本藩加藤家の内紛を

				か	裁く
元和	五	一六一九	三六	この頃、武蔵、明石の町割り・寺院の造園をす	六月二日、福島正則を改易
	六	一六二〇	三七		六月一八日、徳川秀忠の娘和子入内
	七	一六二一	三八		寺尾求馬助生（〜一六八八）
	八	一六二二	三九		八月五日、長崎でキリシタン五五人を処刑
	九	一六二三	四〇		七月二七日、家光、征夷大将軍に任ぜらる
寛永	三	一六二六	四三	五月一三日、養子三木之助、本多忠刻に殉死、弟九郎太郎襲名・相続す○この頃、武蔵、明石小笠原家とかかわり、伊織を養子とす	閏四月二六日、長崎奉行イエズス会宣教師らを処刑
	四	一六二七	四四		この年、長崎奉行キリシタン三四〇人を板倉重政に処刑させる
	五	一六二八	四五		五月、幕府長崎奉行にキリシタン処刑を命じる
	六	一六二九	四六		柴任三左衛門生（〜一七〇六）
	七	一六三〇	四七		この冬、幕府、林羅山に学寮用地を与える
	八	一六三一	四八		伊織、小笠原家家老となる
	九	一六三二	四九	武蔵・伊織、小笠原家の移封に従い、明石から小倉へ移る	五月二九日、熊本藩主加藤忠広を改易

一〇	一六三三	五〇		二月一〇日、林羅山、忍岡の先聖殿で釈奠を再興
一二	一六三五	五二		九月六日、幕府キリシタン禁令再令
一三	一六三六	五三		細川忠利、雲林院弥四郎を八代の三斎のもとへ遣わす
一四	一六三七	五四		五月、柳生但馬守宗矩、細川忠利に『兵法家伝書』を呈す○一〇月、天草・島原の乱勃発
一五	一六三八	五五	武蔵、島原の乱に出陣、小笠原長次の後見○武蔵、有馬直純に宛て書状す	一月、細川忠利・光尚、有馬着陣○二月二七日原城総攻撃、二八日落城
一六	一六三九	五六	この頃、武蔵、江戸・上方に行くか	
一七	一六四〇	五七	七月一八日、武蔵、肥後熊本に行き、細川藩の客分となる○一〇月二三日、武蔵、細川忠利に山鹿の御茶屋への招待を受く	
一八	一六四一	五八	一月二日、武蔵、熊本城本丸奥書院にて忠利の饗応を受く	三月一八日、細川忠利病歿○四月二五日、有馬直純歿
一九	一六四二	五九		閏九月、大淵玄弘、泰勝院開山となる
二〇	一六四三	六〇	一〇月上旬、武蔵、岩戸山に上り『五輪書』執筆の決意す○一〇月一〇日、武蔵、『五輪書』執筆開始（於現熊本市西区河内町・武蔵屋敷か）	

寛永二一（正保一）	一六四四	六一	一一月一六日、武蔵、病気重くなり、細川光尚の命によって熊本に帰る	
正保 二	一六四五	六二	五月一二日、『五輪書』奥書、寺尾孫之丞に託す〇五月一九日、武蔵、熊本で病歿	一二月二日、細川三斎歿
慶安 二	一六四九			一二月二六日、細川光尚病歿
三	一六五〇			五月、細川六丸（綱利）襲封〇六月二八日、小笠原忠真・宮本伊織熊本着
承応 二	一六五三		五月、宮本伊織「泊神社棟札」を記す〇一〇月二日、『五輪書』奥書に小倉碑文のことみゆ	一〇月二日、柴任三左衛門、寺尾孫之丞から『五輪書』授与さる〇七月九日、大淵玄弘寂
三	一六五四		四月一九日、小倉碑文建立	この頃、柴任三左衛門、肥後熊本を出る
享保一二	一七二七		立花専太夫『兵法大祖武州玄信公伝来』を著す	
宝暦 五	一七五五		豊田正脩『武公記』を著す	
安永 五	一七七六		豊田景英『二天記』を著す	
天明 二	一七八二		丹羽信英『兵法先師伝記』を著す	
弘化 二	一八四五		「宮本家系図」編纂	

参考文献

一　主要参考文献

西山松之助・渡辺一郎　『近世芸道論』日本思想体系六一　岩波書店　一九七二年

丸岡宗男　『宮本武蔵名品集成』　講談社　一九七七年

松延市次　『校本五輪書』　私家版　二〇〇〇年

魚住孝至　『宮本武蔵　日本人の道』　ぺりかん社　二〇〇二年

『図説宮本武蔵の実像』（別冊歴史読本）　新人物往来社　二〇〇三年

福田正秀　『宮本武蔵研究論文集』　歴研　二〇〇三年

松延市次・松井健二　『決定版　宮本武蔵全書』　弓立社　二〇〇三年

井上知重・大倉隆二　『お伽衆宮本武蔵』　草思社　二〇〇三年

大倉隆二　『決定版五輪書現代語訳』　草思社　二〇〇四年

二　史料・その他

立花専太夫　『兵法大祖武州玄信公伝来』（福岡市総合図書館写本）

『吉田家伝録』上（桧垣元吉監修）　太宰府天満宮　一九八一年
二木謙一・荘美知子『木下延俊慶長日記』　新人物往来社　一九九〇年
福田正秀「宮本武蔵の夏の陣」（『歴史研究』四〇〇号）　一九九四年
三宅英和『茶道研究』六五六・六八七号　二〇一〇年七月・二〇一三年二月
王圻『三才図会』人物七巻三十四「周濂渓」　上海古典出版社　一九八八年
韓愈「伯夷頌」（星川清孝『唐宋八大家文読本1　新釈漢文大系』）　明治書院　一九七六年
『羅山文集』（京都史蹟会編）　平安考古学会　一九一八年
入矢義高訳注『臨済録』岩波文庫　岩波書店　一九八九年
西部文浄『茶席の禅画』　淡交社　一九九〇年
無著道忠著『禅林象器箋』（柳田聖山編）　中文出版社　一九九〇年
『播磨鑑』　播磨史籍刊行会　一九五八年
『綿考輯録』（出水叢書）　汲古書院　一九九〇年
『寛政重修諸家譜』　続群書類従完成会　一九六四年〜
三浦梅園『帰山録下』（三浦梅園全集）（梅園会編）　一九一二年
石岡久夫『日本兵法史』上下　雄山閣　一九七二年
『八代市史』近代史料編Ⅳ「松井家文書御給人先祖附」　八代市教育委員会　一九九六年

著者略歴

一九四八年熊本県玉名市生まれ
一九七一年関西学院大学文学部美学科卒
一九七二年熊本県立美術館建設準備室～同館学芸課
一九九一年八代市立博物館副館長～館長
一九九五年熊本県立美術館学芸課
二〇〇七年同副館長
二〇〇八年同館定年退職

主要著書
『お伽衆宮本武蔵』（共著、草思社、二〇〇三年）
『決定版五輪書現代語訳』（草思社、二〇〇四年、二〇一二年文庫本として再刊）
『蒙古襲来絵詞を読む』（海鳥社、二〇〇七年）

人物叢書　新装版

宮本武蔵

二〇一五年（平成二十七）二月十日　第一版第一刷発行

著　者　大《おお》倉《くら》隆《りゅう》二《じ》
編集者　日本歴史学会
　　　　代表者　笹山晴生
発行者　吉川道郎
発行所　株式会社　吉川弘文館
東京都文京区本郷七丁目二番八号
郵便番号一一三―〇〇三三
電話〇三―三八一三―九一五一〈代表〉
振替口座〇〇一〇〇―五―二四四
http://www.yoshikawa-k.co.jp/
印刷＝株式会社 平文社
製本＝ナショナル製本協同組合

ISBN978-4-642-05272-6

『人物叢書』(新装版)刊行のことば

人物叢書は、個人が埋没された歴史書が盛行した時代に、「歴史を動かすものは人間である。個人の伝記が明らかにされないで、歴史の叙述は完全であり得ない」という信念のもとに、専門学者に執筆を依頼し、日本歴史学会が編集し、吉川弘文館が刊行した一大伝記集である。

幸いに読書界の支持を得て、百冊刊行の折には菊池寛賞を授けられる栄誉に浴した。

しかし発行以来すでに四半世紀を経過し、長期品切れ本が増加し、読書界の要望にそい得ない状態にもなったので、この際既刊本の体裁を一新して再編成し、定期的に配本できるような方策をとることにした。既刊本は一八四冊であるが、まだ未刊である重要人物の伝記についても鋭意刊行を進める方針であり、その体裁も新形式をとることとした。

こうして刊行当初の精神に思いを致し、人物叢書を蘇らせようとするのが、今回の企図である。大方のご支援を得ることができれば幸せである。

昭和六十年五月

日本歴史学会
代表者 坂本太郎

北条重時　森　幸夫著
親鸞　赤松俊秀著
北条時頼　高橋慎一朗著
日蓮　大野達之助著
阿仏尼　田渕句美子著
北条時宗　川添昭二著
一遍　大橋俊雄著
叡尊・忍性　和島芳男著
京極為兼　井上宗雄著
金沢貞顕　永井　晋著
菊池氏三代　杉本尚雄著
新田義貞　峰岸純夫著
花園天皇　岩橋小弥太著
赤松円心・満祐　高坂　好著
卜部兼好　冨倉徳次郎著
覚如　重松明久著
足利直冬　瀬野精一郎著
佐々木導誉　森　茂暁著
細川頼之　小川　信著
足利義満　臼井信義著
今川了俊　川添昭二著
足利義持　伊藤喜良著
世阿弥　今泉淑夫著
上杉憲実　田辺久子著

山名宗全　川岡　勉著
一条兼良　永島福太郎著
亀泉集証　今泉淑夫著
蓮如　笠原一男著
宗祇　奥田　勲著
万里集九　中川徳之助著
三条西実隆　芳賀幸四郎著
大内義隆　福尾猛市郎著
ザヴィエル　吉田小五郎著
三好長慶　長江正一著
今川義元　有光友學著
武田信玄　奥野高広著
朝倉義景　水藤　真著
浅井氏三代　宮島敬一著
織田信長　池上裕子著
明智光秀　高柳光寿著
大友宗麟　外山幹夫著
千利休　芳賀幸四郎著
足利義昭　奥野高広著
前田利家　岩沢愿彦著
長宗我部元親　山本　大著
安国寺恵瓊　河合正治著
石田三成　今井林太郎著
真田昌幸　柴辻俊六著

高山右近　海老沢有道著
島井宗室　田中健夫著
淀君　桑田忠親著
片桐且元　曽根勇二著
藤原惺窩　太田青丘著
支倉常長　五野井隆史著
伊達政宗　小林清治著
天草時貞　岡田章雄著
立花宗茂　中野　等著
宮本武蔵　大倉隆二著
小堀遠州　森　蘊著
徳川家光　藤井讓治著
由比正雪　進士慶幹著
佐倉惣五郎　児玉幸多著
林羅山　堀　勇雄著
松平信綱　大野瑞男著
国姓爺　石原道博著
野中兼山　横川末吉著
隠元　平久保章著
徳川和子　久保貴子著
酒井忠清　福田千鶴著
朱舜水　石原道博著
池田光政　谷口澄夫著
山鹿素行　堀　勇雄著

井原西鶴　森　銑三著
松尾芭蕉　阿部喜三男著
三井高利　中田易直著
河村瑞賢　古田良一著
徳川光圀　鈴木暎一著
契　沖　久松潜一著
市川団十郎　西山松之助著
伊藤仁斎　石田一良著
徳川綱吉　塚本　学著
貝原益軒　井上　忠著
前田綱紀　若林喜三郎著
近松門左衛門　河竹繁俊著
新井白石　宮崎道生著
鴻池善右衛門　宮本又次著
石田梅岩　柴田　実著
太宰春台　武部善人著
徳川吉宗　辻　達也著
大岡忠相　大石　学著
賀茂真淵　三枝康高著
平賀源内　城福　勇著
与謝蕪村　田中善信著
三浦梅園　田口正治著
毛利重就　小川國治著
本居宣長　城福　勇著

山村才助　鮎沢信太郎著
木内石亭　斎藤　忠著
小石元俊　山本四郎著
山東京伝　小池藤五郎著
杉田玄白　片桐一男著
塙　保己一　太田善麿著
上杉鷹山　横山昭男著
大田南畝　浜田義一郎著
只野真葛　関　民子著
小林一茶　小林計一郎著
大黒屋光太夫　亀井高孝著
松平定信　高澤憲治著
菅江真澄　菊池勇夫著
島津重豪　芳　即正著
狩谷棭斎　梅谷文夫著
最上徳内　島谷良吉著
渡辺崋山　佐藤昌介著
柳亭種彦　伊狩　章著
香川景樹　兼清正徳著
平田篤胤　田原嗣郎著
間宮林蔵　洞　富雄著
滝沢馬琴　麻生磯次著
調所広郷　芳　即正著
橘　守部　鈴木暎一著

黒住宗忠　原　敬吾著
水野忠邦　北島正元著
帆足万里　帆足図南次著
江川坦庵　仲田正之著
藤田東湖　鈴木暎一著
広瀬淡窓　井上義巳著
大原幽学　中井信彦著
島津斉彬　芳　即正著
月　照　友松圓諦著
橋本左内　山口宗之著
井伊直弼　吉田常吉著
吉田東洋　平尾道雄著
佐久間象山　大平喜間多著
真木和泉　山口宗之著
高島秋帆　有馬成甫著
シーボルト　板沢武雄著
高杉晋作　梅溪　昇著
川路聖謨　川田貞夫著
横井小楠　圭室諦成著
小松帯刀　高村直助著
山内容堂　平尾道雄著
江藤新平　杉谷　昭著
和　宮　武部敏夫著
西郷隆盛　田中惣五郎著

ハリス　坂田精一著
森有礼　犬塚孝明著
松平春嶽　川端太平著
中村敬宇　高橋昌郎著
河竹黙阿弥　河竹繁俊著
寺島宗則　犬塚孝明著
樋口一葉　塩田良平著
ジョセフ＝ヒコ　近盛晴嘉著
勝海舟　石井孝著
臥雲辰致　村瀬正章著
黒田清隆　井黒弥太郎著
伊藤圭介　杉本勲著
福沢諭吉　会田倉吉著
星亨　中村菊男著
中江兆民　飛鳥井雅道著
西村茂樹　高橋昌郎著
正岡子規　久保田正文著
清沢満之　吉田久一著
滝廉太郎　小長久子著
副島種臣　安岡昭男著
田口卯吉　田口親著
福地桜痴　柳田泉著
陸羯南　有山輝雄著
児島惟謙　田畑忍著
荒井郁之助　原田朗著
幸徳秋水　西尾陽太郎著
ヘボン　高谷道男著
石川啄木　岩城之徳著
乃木希典　松下芳男著
岡倉天心　斎藤隆三著
桂太郎　宇野俊一著
徳川慶喜　家近良樹著
加藤弘之　田畑忍著
山路愛山　坂本多加雄著
伊沢修二　上沼八郎著
秋山真之　田中宏巳著
前島密　山口修著
成瀬仁蔵　中嶌邦著
前田正名　祖田修著
大隈重信　中村尚美著
山県有朋　藤村道生著
大井憲太郎　平野義太郎著
河野広中　長井純市著
富岡鉄斎　小高根太郎著
大正天皇　古川隆久著
津田梅子　山崎孝子著
豊田佐吉　楫西光速著
渋沢栄一　土屋喬雄著
有馬四郎助　三吉明著
武藤山治　入交好脩著
坪内逍遙　大村弘毅著
山室軍平　三吉明著
南方熊楠　笠井清著
山本五十六　田中宏巳著
中野正剛　猪俣敬太郎著
河上肇　住谷悦治著
牧野伸顕　茶谷誠一著
御木本幸吉　大林日出雄著
尾崎行雄　伊佐秀雄著
緒方竹虎　栗田直樹著
石橋湛山　姜克實著
八木秀次　沢井実著

▽以下続刊